# Narrar historias
## y el arte de imaginar

Este libro ha sido dedicado con amor y gratitud a Adam Bittleston y a Gisela Bittleston, a mi familia, y a las muchas personas y familias que he conocido a lo largo de mi viaje, quienes me han ayudado a encontrar mi camino.

N.M.

*Nancy Mellon ha conducido talleres de narración de historias escritas y orales durante muchos años.*

# Narrar historias
## y el arte de imaginar

## Nancy Mellon

○ Yellow Moon Press ○

US Spanish Edition July 2015 Yellow Moon Press
ISBN: 978-0-938756-77-4

Current US English Edition 2003 Yellow Moon Press
ISBN: 978-0-938756-66-8

Yellow Moon Press
P.O. Box 381316
Cambridge, MA 02238
www.yellowmoon.com
(617) 776-2230

*La autora está profundamente agradecida a todas las personas que la inspiraron, quienes están conectadas con el Movimiento Internacional de las Escuelas Waldorf.*

Text © Nancy Mellon 1992

Primera pubicación en inglés, con el título Storytelling and the Art of the Imagination, en USA, 1992, Element Books.

Primera edición en español, 'Rouz Libros, Argentina, 2013.
ISBN: 978-987-29475-0-7

*Traducción:* Natalia González Salas, Bárbara Laszcz.
*Corrección y versión final:* Natalia González Salas, Bárbara Laszcz.
*Ilustraciones de tapa e interiores:* Elena Peyron.
*Diseño de la edición en español:* Lorenzo Shakespear.

# Contenidos

# Prólogo a la edición en español

¿Quién no estaría agradecido por reunirse, en cualquier momento del día o de la noche, para nutrirse, consolarse, aprender y dejarse inspirar por un sabio narrador de historias y cuentos?
*"Narrar historias y el arte de imaginar"* fue escrito para despertar a ese narrador dentro tuyo.

Me sorprendí al encontrarme escribiendo este libro durante los años ochenta.
Pronto descubrí a muchas otras personas que, respondiendo a una necesidad interior, comenzaron lo que hoy se ha transformado en un movimiento mundial de narración de cuentos.
Agraciadas y lúdicas almas comenzaban a tomar este arte y oficio tan seriamente como los músicos y otros artistas se dedican a lo suyo.
Padres y maestros respondían al llamado de la narración en muchos hogares y aulas de clases.
Tú también estás cordialemte invitado a unirte a este resurgimiento alegre y comprometido de la narración de cuentos, que continúa creciendo en cada pais y continente.

Quien fortalezca esta misión con profundo sentido y compromiso ayudará a equilibrar y a obtener una perspectiva más calma frente a las frías y extremadamente aceleradas comunicaciones electrónicas que están tomando la tierra. A medida que la electrónica avanza aceleradamente, el movimieto de narración continúa creciendo en los hogares y las aulas, en las oficinas, incluso en los confines de la tierra. Al unirte a la comunidad internacional de narración de cuentos e historias, puedes encontrar excelente material y un sin fin de historias en internet, donde hallarás mucho sitios valiosos como www.storynet.org y www. healingstory.org. ¿Qué actividades de narración existen en tu país? Te invito a comenzar un círculo de narración donde tú vives. Eres bienvenido a usar este libro como guía al practicar este fundamental y tan efectivo arte curativo.

Comenzar a practicar la narración de una forma constante es una manera de recuperar tiempo libre para nutrir lo más profundo en tí. Exigidos por las preocupaciones materiales, podría hoy resultarnos un gran desafío encontrar el tiempo para reunirnos en familia, con amigos y en comunidad, para hacer una pausa, respirar profundamente y vivenciar la creatividad y maravilla de los cuentos e historias. Sin embargo, para que verdades más importantes que las preocupaciones del mundo material sean dichas y escuchadas, podemos restituir lo esencial de nuestro corazón y alma a nuestra vida cotidiana de innumerables formas, a medida que esto nos permite profundizar nuestra capacidad de escuchar, estimular nuestro goce creativo y nos brinda sabia e importante perspectiva y guía.

Los niños y nuestro propio niño interior, son quiénes mejor inspiran la actividad imaginativa, que nos da a todos el coraje para descubrir quiénes somos y quiénes queremos ser. En un principio, fui inspirada por inquietos niños pequeños, para buscar en las historias y cuentos, los elementos para el sano desarrollo. La calidez, el coraje y la alegría de los niños me ayudaron a poner mi imaginación al servicio de beneficos patrones de historias. Por ellos, me atreví a imaginar y contar historias en voz alta, que a veces duraban semanas. Descubrí que los poderes vitales que viven en las historias ofrecen una sanación mágica. Con el tiempo, padres, maestros y muchas otras personas fueron pidiendo talleres y cursos para aprender a despertar al narrador que existe en ellos. Para beneficio propio, de sus familias, colegas y amigos. Como psicoterapeuta, continúo aprendiendo de ellos.

La oportunidad de cruzar las fonteras idiomáticas con este libro, para encontrarme con aquellos que encarnan la rica herencia narrativa latinoamericana me llena de alegría.
Leyendas, folclore, mitos, rituales, tradiciones, cuentos de hadas, misterios, la narración en todas sus formas, ha sido transmitida durante miles de años, de generación en generación, en cada rincón de habla hispana del mundo.
Las historias viven de una manera realista y comprometida en cada habitante. Tal vez este libro te invite a honrar de lleno tu tradición oral. Tal vez, también inspirará nuevos caminos para transmitir la sabiduría

que te parezca imprescindible hoy, para aquellos que están intimamen-
te consustanciados con su lugar de origen, familia y cultura, y sin embargo cada vez más, se sienten ciudadanos del mundo, deseosos por
nutrir la historia humana en continua evolución.

Podrías ir descubriendo a medida que leas este libro, que existen muchas maneras de compartir, incluso nuestras más difíciles historias personales, y verlas como una parte de la gran evolución de la historia de
la humanidad. Este libro pretende que tú también desarrolles la inmen-
samente creativa e imaginativa sabiduría que ha sido guardada dentro
tuyo y de cada ser humano, por largos siglos. Haz que tu propia creación y narración de cuentos e historias, inspiren en ti y en tu florecien-
te corazón, maravillas más grandes aún y confianza en la vida. ¡Viva!

Nancy Mellon
Monterrey, California.
Octubre, 2012

# Introducción

Este es un libro que busca recuperar la sabiduría del cuento para la vida cotidiana. Un tesoro de poderes de la imaginación vive dentro nuestro. Estos poderes, a menudo, yacen latentes y dormidos, pero al despertar las imágenes que viven en nuestra imaginación, nos volvemos más luminosos y plenamente vivos. A pesar de que obstáculos de todo tipo puedan desanimarnos, el magnífico y ancestral proceso de narrar historias y cuentos, nos conecta con fuerzas que tal vez han sido olvidadas, con sabiduría debilitada o perdida, y con esperanzas y anhelos que han caído en la oscuridad. También nos conecta con alegrías y placeres que han sido relegados a los animadores profesionales. Pero por sobre todo, narrar historias nos otorga amor y coraje para la vida: en el proceso de crear una historia maravillosa, espíritu nuevo nace para enfrentarnos con las grandes aventuras de nuestras propias vidas y para dar sabio aliento a otros, cualquiera sea su edad, a lo largo de sus propios caminos. Todos los narradores atesoran vitales imágenes interiores; detrás de estas viven principios ordenadores universales. Ofrezco este libro como camino para que tú puedas dar tus propios pasos hacia estos principios generadores de vida. Está destinado a acompañar la colección de historias que tú pudieras conocer, o estés por descubrir, algunas de las cuales he enumerado al final de este libro.

Leer maravillosas historias del pasado te permite contar y escribir tus propias historias. Imaginar y narrar una historia original es una experiencia diferente a la de leer o recitar cuentos ya publicados. He tenido el privilegio de trabajar con padres, futuros padres, maestros, bibliotecarios, y con profesionales de la salud por varios años. Juntos hemos revivido el arte de narrar historias para nosotros, para los niños de nuestras vidas, y para los otros. Mi propósito, tanto al explorar antiguas historias o ayudando en la creación de nuevas, durante las clases y talleres que he dado, ha sido despertar las energías transformadoras y dadoras de vida que nos ayudan a atravesar dificultades. Cada detalle de una historia, los personajes, el paisaje, el estado de ánimo, y las características de la trama pueden circular por nuestros cuerpos, por nuestros sentimientos y por las estructuras de nuestras mentes. Si ex-

perimentamos la realidad de cada parte de la historia como un aspecto
de nosotros mismos sin importar cuán grande o increíble pueda ser,
será una experiencia vivificante. Cuando ponemos nuestra conciencia
adulta en todo lo que sucede y en todos los que forman parte de nuestras historias, crecemos en consecuencia en nuestro sentido de quiénes
somos y en nuestras relaciones con toda clase de cosas y personas.

¿Qué es la imaginación activa y saludable? Mi experiencia con adultos
y niños me ha demostrado que las imágenes que pueblan la imaginación de finales de siglo XX a menudo están rotas, atemorizadas, retorci-
das, obsesionadas, pero con guía, inspiración y coraje, pueden volverse
radiantes y saludables. Con la seguridad que nos proveen los sabios y
antiguos elementos del mundo de la imaginación, podemos lanzarnos
y jugar con las energías de sus temas o imágenes como hacen soñado-
res y poetas. Los poderosos temas, el lenguaje y las imágenes de las
antiguas historias moviéndose a través de nuestras psiquis de finales
de siglo XX actúan como alimento, provocando que el cuerpo y la sangre se eleven de gozo y respiren con ansias. El proceso de narrar historias en sí mismo nace de la fuente de la sabiduría y a través de la voz, el
gesto y la buena voluntad, evoca un saludable estado de aventura crea-
dora.

La intención de este libro es satisfacer diferentes tipos de necesidades.
Cada uno de los breves y evocativos ensayos en este libro, junto con los
ejemplos dados, son suaves cosquilleos para alentarte, incluso a pesar
de ti mismo, a continuar con alegría y asombro hacia una vida llena de
amor y de un uso sabio del poder. Ante todo, intenta ser una guía para
esos gestos, energías, paisajes interiores y personajes que despiertan de
tanto en tanto de los manantiales profundos de la imaginación. Es un
libro para quien en su hogar sentado junto al fuego, en escuelas o en
encuadres terapéuticos, busca tener una relación más consciente, positiva y llena de sentido con ese mundo de la imaginación que es a veces
abrumador y confuso. El libro les ayudará a delinear y experimentar
ese mundo en forma más personal y positiva.

Este libro no está pensado para enseñar determinados argumentos de
los cuentos; existen muchos libros sobre las grandes historias clásicas,
que las resumen, analizan e interpretan, desde diferentes puntos de
vista. Mi intención es que con cada página puedas acercarte a la esen-

cia de los grandes cuentos clásicos, para que así puedas darle vida a esta misma esencia curativa dentro tuyo. Como consecuencia podrías experimentar una mayor integridad personal mientras lees, narras o creas. La mayoría de los cuentos y mitos mencionados en este libro provienen de fuentes europeas. Sin embargo, sus temas son comunes a muchas lenguas y países, temas que han sido atravesados por las costumbres y por el espíritu del tiempo que allí vivía.

El propósito final de este libro es el de promover la creación de historias nuevas, frescas y saludables para ayudarnos a enfrentar los desafíos de nuestro tiempo. Cuántas maravillosas y vitales historias surgirán espontáneamente de nosotros, allí donde sea que nos encontremos, cada vez que estemos abiertos a que esto suceda. Crear una historia viva, íntegra y adecuada es un proceso que nos vitaliza profundamente, despertando un sentido de alegría y admiración que nos fortalece en nuestros caminos, aunque a veces nos desconcierten y apabullen.

Al comienzo de mi carrera docente, enseñando distintos temas y en diferentes lugares, pensaba lo feliz que sería como narradora de historias viajera. Así podría unir alegremente todas mis inquietudes en un solo rol. Pero en aquellos días la narración de historias no tenía en Norteamérica el apoyo entusiasta de tiempos pasados; además, yo era tímida y retraída. Durante muchos años, en lugar de dedicarme a la narración, me paraba frente a una clase de niños o de jóvenes y compartía con ellos los caminos de la lengua y la literatura.

Un día me llevé una gran sorpresa: me pidieron que me hiciera cargo de una clase de niños bulliciosos durante una hora, ya que su maestra se sentía enferma. ¿Cómo haría para lograr mantenerlos tranquilos? Apenas tuve tiempo de buscar algo para leerles. Como era el día de San Patricio, elegí una selección de cuentos de W.B.Yeats, el poeta irlandés. Cuando abrí la boca para empezar a leer, automáticamente me salió un auténtico acento irlandés que me dejó atónita. Continué leyendo; los niños y yo estábamos como en trance, escuchando la historia y el sonido de mi voz. Las palabras cantaban a través mío. Mi corazón, abierto. Al finalizar la hora, cerré el libro y mi acento irlandés había desaparecido. Esa experiencia fue reveladora para mí. Me pregunté cuántas culturas diferentes vivían en lo profundo de mi lengua esperando emerger en el relato de una historia.

Durante los años que siguieron, y a medida que aprendía a escucharme, pude también escuchar las voces dormidas en los niños y adultos,
de diferentes tierras y culturas que llegaban a mi clase. Me encantaba
estimularlos a que despertaran a la poesía, a los cuentos e historias, y a
debatir con entusiasmo. ¡Cuéntanos tu sueño! ¡Cuéntanos tu recuerdo! ¡Describe a los que amas! ¡Habla de lo verdadero!

Finalmente descubrí la Pedagogía Waldorf, y esta fue mi verdadera
entrada a una antigua causa. Narrar una gran historia correctamente
es mi deber como maestra; esto lo aprendí en mi formación de maestra
Waldorf. Lo importante no es saberse el cuento de memoria, sino sen-
tirlo, como lo haría un niño pequeño. No pensar la imaginación como
una actividad histórica, sino como una necesidad diaria. Pronto tendría que crear y narrar cuentos todos los días, para estar a la altura de
las maestras Waldorf. De acuerdo a este método creativo, comencé a
fortalecer y ejercitar mi propia y empobrecida imaginación de formas
nuevas, para satisfacer las necesidades de los niños a los que les estaba
enseñando. Empecé a creer realmente que los narradores de historias
y cuentos tienen una comprometida misión, como todos quienes se
dedican a guiar y transformar vidas humanas. Fue reconocerla como
esa antigua disciplina y vocación a la que todos somos llamados.
Cierto día, en el transcurso de mi formación de maestra Waldorf en
Inglaterra, conocí a una de las muchas personas que producirían un
gran cambio en mi vida. Gisela Bittleston se convertiría en mi maestra
de marionetas, y en la maestra de mi alma. La vi por primera vez en
una hermosa obra de teatro, en la que ella hablaba y cantaba desple-
gando su vibrante voz, una obra de títeres rumana: "El lobo blanco".
Era un hermoso cuento sobre un lobo blanco encantado, donde su
gentil y tierna ama tenía que viajar a las estrellas más lejanas para encontrar la luz y transformarlo en el príncipe que él era en realidad.
Esta era una historia acerca de la profunda determinación del espíritu
humano para la auto-transformación. En ese momento esta temática
universal conmovió profundamente mi alma.
Así comenzó mi relación con los cuentos de hadas, ya que de niña,
como muchos de mi generación, no tenía interés ni sentía mucho placer al escucharlos. Hoy disfruto al comentar cuán poco americanos
creía yo que eran los príncipes y las princesas de los libros de cuentos.

Entiendo muy bien la resistencia que podemos sentir por el tipo de paisajes y personajes que son evocados en este libro. Así, en muchas obras de marionetas posteriores, mientras mis manos y mi voz les daban vida a personajes que mi "democrática" y escéptica mentalidad rechazaba, comencé una nueva vida. A medida que me abría a nuevas y maravillosas posibilidades en la educación de los niños, yo también comencé la re-educación de mi propia "niña interior" de una manera inimaginable. Descubrí una respiración más profunda.

La alegría que sentía al trabajar con la belleza y la verdad detrás de las imágenes en las leyendas y en los cuentos de hadas fue abriéndome a cualidades del corazón y la mente antes desconocidas para mí. Ahora mi voz transitaba por energías arquetípicas a través de las diferentes culturas y los estados de ánimo de mi alma. A medida que mi voz se apropiaba de los tonos de una reina acongojada, un príncipe encantado, una excéntrica bruja, una princesa anhelante, o un poderoso chamán, descubrí partes perdidas y aún no desarrolladas en mí. Me había convertido en una titiritera agradecida, interpretando cuentos detrás de las cortinas rojas de mi teatro de títeres. ¡Podía sollozar y llorar! Podía cantar con el alma porque la reina deseaba tener un niño, o porque en el cuento, un niño hermoso necesitaba cantar. Podía reírme como una malvada bruja y podía deshacer extraños encantamientos emitiendo una palabra resonante. Me entusiasmé tanto que enseñé a muchos a armar producciones de títeres, para que pudieran experimentar esta manera de sentir los cuentos y recibir sus dones.
Después de un tiempo descubrí que al haber trabajado por tantas horas con historias de todo el mundo, cambiando la luz en cada escena, creando títeres y marionetas con personas de todas las edades, puliendo los gestos y las voces, de alguna manera había adquirido de estos antiguos cuentos la capacidad de crear historias nuevas. Ya no era un alma tímida; había encontrado una infinita y nueva respiración, comprensión y propósito. Yo creaba cuentos para los niños de mis clases y me invitaban a sus fiestas como narradora: "Marcos necesita un cuento para su cumpleaños número cinco, él tiene tantas ganas de volar, que tenemos miedo que se tire de un precipicio". "Serena quiere ser una princesa y es muy mandona e intensa. Sería muy bueno que escuchara un cuento sobre ella misma". "José ataca a su hermana como si ella

fuera un soldado armado". Una y otra vez los niños inspiraban mi creatividad, y así mi viejo sueño se estaba convirtiendo en realidad: Yo,
sentada en el seno de las familias y en aulas de clases, escuchándome
crear historias sanadoras.

Hoy trabajo con las historias para que sean una herramienta para la
transformación personal. Entrego "recetas" para la auto-sanación a
través de los cuentos e historias. En estos días se le presta mucha atención a la práctica de encontrar y sanar a nuestro "niño interior".
La edad no es un factor a tomar en cuenta en la terapia del cuento;
"L'enfant" divine y "El viejo sabio" viven en cada uno de nosotros. La
esencia de la vida es aquella sabiduría espontánea entretejida en el centro de cada persona. Nos apropiamos de esa sabiduría a través del proceso de narrar cuentos. Es como la plegaria, nos tranquiliza y nos
fortalece. Por supuesto deberemos atravesar las resistencias que vayan
apareciendo a medida que retornamos a este centro. ¿Acaso existe algún dolor, pena o pesadilla demasiado terrible que no se pueda contar
en un cuento? ¿Existen temores o desconciertos tan profundos que
una historia no pueda contener?

Los creadores de cuentos, en última instancia, son creyentes que aceptan todo sentimiento terrenal y lo llevan, cual niños sabios, hacia reinos de alegría. Yo invito a las personas a que busquen dentro de mi
gran canasta de figuras arquetípicas, y, con la amable ayuda de los títeres, den forma a las aspiraciones y dramas de su vida interior. O sentados alrededor de una vela, en un círculo de cuidado y creatividad
escriban y compartan espontáneamente un cuento desde su sabia imaginación. O sentados en parejas por unos momentos, se cuenten historias uno al otro, como si sus vidas dependieran de ello.
Debido a que yo también me resistí a transformarme en narradora,
valoro los poderes que están almacenados en tu interior; quizá completamente ocultos, que pueden florecer al recibir aceptación y guía.
Cuando llega el momento de una historia, me digo a mi misma y a los
demás: respiren hondo, zambúllanse y sigan nadando, las aguas nos
mantendrán a flote. Dancen y vuelen o salten dentro de un volcán. En
el reino de las historias todo saldrá bien.

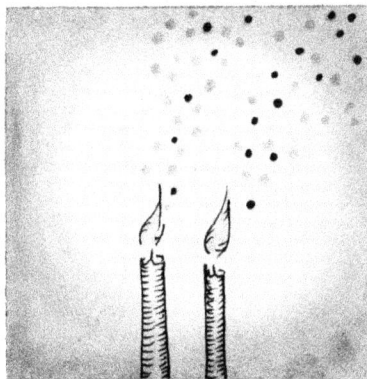

# 1 | Principio y final

Narra tu historia y que el tiempo no cuente.
*Geoffrey Chaucer*

# Fuego para una historia

Los fogones y hogares, alrededor de los cuales personas en todos los tiempos se han reunido buscando calor y cobijo, bajo los suaves movimientos del sol, la luna y las estrellas, son una imagen de nuestro ser interior.

Tenemos dentro nuestro un lugar de calidez y luz, alrededor del cual se congregan sentimientos, imágenes y palabras. Mientras nos mantengamos unidos a esta llama interior todo lo que se acerque a su brillo sanador, ya sea percibido como amigo o enemigo, recibirá su luz y calidez.

Tú, como todo ser humano, eres un narrador innato. Has nacido con una fuente inagotable de temas personales y universales. Es importante abrirse para recibir la enorme riqueza de imágenes que habita en ti. Construye un hogar dentro tuyo y permite que sea tu círculo de protección. Allí podrás encender y avivar la llama de la sabiduría de tu corazón. Pide que todos los que se reúnan alrededor de este fuego, desde tus cielos, tierras y aguas interiores, vengan con buena voluntad para compartir sus verdades en este calor. Y que todo aquel que se acerque a escuchar pueda recibir abiertamente lo que fue creado dentro de los límites seguros de tu mundo de historias.

Antes de comenzar una sesión de narración de cuentos enciendo una vela, aún si fuese de día. Tal vez desees colocar velas dentro de recipientes de vidrio translúcido, o de color, ya que irradian luz desde su interior. A veces la elección del color apropiado de la vela reforzará un estado de ánimo, por ejemplo, verde para frescura, rosa para ternura, rojo para valentía. Podrías encender velas para los personajes principales del relato. Hace unos años, durante la época de Navidad, me invitaron a contar un cuento de cumpleaños en una sala llena de padres con bebés y niños pequeños. En esa ocasión canté suavemente mientras encendía una hilera de pequeñas velas blancas colocadas sobre la rama de un abedul. Los niños disfrutaron todo el cuento con sus miradas posadas sobre las siete llamitas.

Otra vez visité una casa que era ideal para contar cuentos en familia, ya que tenía un hogar en su centro. De un lado estaba la cama matrimonial, del otro el sillón del living, y unas cortinas corredizas hacían posible que la casa quedara completamente abierta. La madre, su arquitecto, siempre había anhelado que el hogar fuese su centro. Cualquiera sea el lugar elegido para contar historias, todo aquél que escuche con atención, ayudará a crearla.

> Siéntate en silencio frente a una llama encendida. Piensa cuidadosamente sobre la historia del fuego: los largos años de los diferentes climas que nutrieron el árbol que está ardiendo; los amplios vuelos que realizaron las abejas para formar la cera de la vela, la chispita que hizo posible su luz actual. Deja que la historia del fuego externo gradualmente te guíe a tu interior para sentir la historia de la luz y del calor que llevas dentro.

## Respirar nueva vida

Los comienzos son como nacimientos, contienen vacío y apertura. Ofrecen un lugar de cálida receptividad al cual, el nuevo niño, puede llegar seguro. El período de silencio que antecede a una historia es un momento sagrado. Los une a ti y a los que te escuchan con el poder creador del universo. El tiempo y la respiración se modifican. Es un momento para invocar a la sabiduría y dejar que fluya naturalmente hacia ti, desde los cielos y la tierra.

Nuestra respiración nos ayuda a ir más allá de las barreras del puro razonamiento y las horas del reloj. Nos aleja de los temores y las resistencias que nos bloquean y nos lleva así a los poderes redentores de la imaginación.

Inspira el silencio antes de pronunciar palabra. A medida que lo cotidiano vaya cerrándose, tu visión interior se abrirá. Siente un lugar para escuchar dentro de tu corazón y un estado de expectativa en tus extremidades y tu vientre. Tu historia es un "niño del universo" en gestación. Esto te ayudará a saber cómo recibir aquello que ahora se desarrollará de acuerdo a sus propias leyes. Algunas historias se perderán, pero podrán volver luego, fortalecidas con sus fuerzas vitales intactas.

Tú actuarás como partera y esposo para tu propia historia, ayudándola a nacer y a darse a conocer.

Mientras te preparas para contar un cuento, podrías tocar una simple flauta, rasguear una lira u otro instrumento de cuerdas. Carrillones, una campana o un canto también limpian el aire. Estos simples patrones musicales ayudan a generar un estado de expectativa vibrante, afinan el aire y limpian el espacio dentro del cual comienza a resonar la historia. Cuanto más vivo y fresco sea el ambiente que logres crear dentro y alrededor tuyo, más vitales serán las imágenes del relato y la sonoridad de tus palabras.

Una amiga mía que es narradora de historias, construyó su casa sobre lo que alguna vez fue territorio de indios americanos. Tiene en su living una colección asombrosa de instrumentos musicales. Ella elige el instrumento apropiado para cada una de las historias que cuenta; algunas veces utiliza varios instrumentos para un cuento. Aún cuando se queja de que no practica lo suficiente, los que la escuchan, se deleitan en la combinación de su voz con los sonidos y en la visión reconfortante que sienten al ver los instrumentos en su regazo y a su alrededor. Thea tiene asma crónica y su estado es delicado, pero tocar un instrumento, cantar y narrar historias le han proporcionado miles de horas de respiración saludable. Tú también podrías despejar cualquier elemento que obstaculice tu voz y tu respiración al sumergirte en la narración de historias y cuentos.

> **Canta y respira. Silba e inspira lentamente. Canta una clara melodía y luego siéntate en silencio, escuchando el aire alrededor de tu cabeza que ahora ya ha sido modificado.**
>
> **Organiza un espacio en tu hogar. Puede ser un estante o una habitación entera dedicada a todo lo relacionado con la narración de historias incluidos libros e instrumentos musicales.**

# Aventureros

Al comienzo de cualquier historia tendrás que describir uno o dos protagonistas. Sean femeninos o masculinos, jóvenes o viejos, seres humanos o no, estos personajes centrales poseen características de radiante juventud y confianza. Ellos andarán, quizás sin ganas, juntos o solos, hacia un horizonte más amplio. La energía de tus relatos creará imágenes que llevarán a los personajes principales más allá de la protección que ofrece el "castillo del padre" y de los límites del "hogar de la madre"; una respiración profunda que nos lleva hacia un sentido nuevo, diferente y más amplio de quiénes somos. Más allá de la inspiración de "había una vez" y de "hace mucho tiempo atrás y en un lugar lejano", se encuentra la inspiración que nos invita a lanzarnos hacia los misterios de la identidad humana. Los protagonistas pueden tomar diferentes formas y aspectos, pero sean ellos nobles o humildes, indecisos o decididos, fuertes o débiles, masculinos o femeninos, animales, seres humanos o divinos, sus exuberantes espíritus de aventura despertarán los nuestros.

Invita a tu narrador interior para afianzar tu identidad presente y también para ahondar sobre quién eres. La identidad de todos los personajes de tu cuento, a pesar de lo extraños, diferentes o poderosos que puedan ser, es conocida por tu ser superior. Tu historia tomará impulso cuando reconozcas que eres parte del fluir de la evolución de la tierra y que los personajes de tu cuento son guiados y cuidados, de la misma manera que tú en los misterios de tu destino eres guiado y cuidado por una sabiduría superior.

Cuando tengo el privilegio de actuar como partera en los relatos de otras personas, generalmente les pido que se sienten de a dos o tres. Algunas veces, cuando se comienza a explorar sobre el narrar historias como una manera de conocernos mejor a nosotros mismos y a los demás, empiezo por darles un antiguo cuento para leer en voz alta, o una selección de títeres para que los sostengan mientras les leo. Enseguida están listos para comenzar con sus propios relatos espontáneos. Hace poco tiempo, una mujer que estaba venciendo una enfermedad delicada y que había sufrido abuso durante su niñez, se dispuso a escribir acerca de sus experiencias en mi taller de narración:

*No sé cómo comunicar la riqueza que encuentro al contar cuentos. El primer día me puse a llorar cuando dio las instrucciones, pero luego una historia comenzó a fluir desde adentro; me quedé absolutamente sorprendida. Nunca me gustaron los cuentos de hadas, nunca los leí. La semana anterior casi ni podía leer el guión. Pero, contar la historia fue algo completamente diferente. Supe que era la historia de mi vida. En cuatro minutos capté el espíritu de toda mi vida como lo sentí en aquél momento.*

*Luego de contar esta historia se produjo en mí un cambio que me permitió confiar en mis propios límites y le di a M. las llaves de mi casa. El cambio ocurrió rápidamente. No fue a un nivel consciente. Cada historia produjo un cambio parecido. Cuando narro una historia, hablo desde mi corazón. Comienzo con fe y escucho mientras la historia fluye desde mi interior. Si me trabo espero, o algunas veces, si corresponde, expreso angustia a través del personaje. Soy muy cuidadosa en no juzgar sino dejar que la historia se me revele. Estos cuentos provienen de un lugar dentro de mí y no conozco otra manera de acercarme a ellos.*

**Piensa en momentos inspiradores de tu vida donde pudiste vencer incertidumbre y miedo y fuiste en busca de aventuras. Ese es el estado de ánimo que hay que invocar al comenzar una historia.**

**En dos o tres minutos, espontáneamente, crea uno o dos personajes de un cuento. Ya sea que tu descripción fuese oral o escrita, no te restrinjas juzgándote o analizándote. Contar cuentos es una aventura emocionante.**

# Nombres

Tú, como narrador, puedes ejercitar una amplia libertad en el reino de los nombres. Al igual que los padres que buscan nombres para sus hijos, a veces dándoles apodos cariñosos, los narradores de cuentos pueden buscar nombres en el universo de los sonidos para sus personajes y para los lugares donde éstos habitan. Los ángeles podrían presentarse trayendo nombres a los padres o a los tutores. Los nombres podrían aparecer en sueños o escritos sobre el agua o sobre una piedra. Aún los nombres "más comunes" podrían encerrar en sí secretos y mencionarse con un tierno y profundo sentido de reverencia. El sonido "a" en un nombre crea un sentido de apertura: Amanda, Alí Babá, Alyosha, Fátima, Hans, Bambino. El valiente sonido "o" invoca una total inclusión: océano, hogar. "u" conlleva un sentido de asombro intenso, quizás mezclado con algo de temor. El sonido "i" en un nombre sugiere un personaje con un fuerte sentido de identidad. Un personaje juguetón y alegre necesitará un nombre de características similares armado con sílabas rápidas y cortas. Un personaje intenso, obstinado, necesitará un nombre con consonantes fuertes tales como "k", "t", "j" y "f." Un personaje gentil atraerá sonidos suaves y fluidos: "b", "n", "m" y "l."

El crear nombres sensibles a las características de un personaje y de un lugar en particular es un proceso natural. Existen libros que contienen extensas listas de nombres evocativos de muchas partes del mundo, que se consiguen en librerías o bibliotecas. El índice de un atlas mundial te dará ideas para nombres de lugares. Recurrir a libros nos brinda una mayor confianza y conocimiento para ejercer nuestro derecho innato de nombrar y de conocer, a través de los nombres, quiénes somos y dónde estamos en relación a nosotros mismos y a otros. Esta habilidad de descubrir y recordar nombres sólo ha sido dada a los seres humanos.
Eres uno con el universo de los sonidos, puedes escuchar sus vibraciones dentro tuyo. Los nombres respiran a través de la luz del día y en la oscuridad de las noches estrelladas. Ellos emanan de todas las cosas y los seres. Como narrador tienes grandes oportunidades de descubrirlos mientras habites tus espacios imaginarios. Todos los nombres y aquellos aún nunca expresados están a tu alcance al crear tus historias. Cuando un grupo se reúne para explorar la narración de historias a menudo los invito a que no se presenten por su nombre habitual, sino a través de un nombre inventado por ellos mismos. Encontrar un nombre nuevo y amoroso para uno mismo es una experiencia interesante. Muchos desean ser conocidos por otro nombre pero nunca habían tenido la oportunidad o la motivación suficiente para cambiar el recibido al nacer. Estos nombres y los que las personas crean en sus

historias, a menudo nos asombran a todos. Fluyen tan naturalmente: Sidera, Desertina y Shehan son tres nombres que he escuchado recientemente y que parecen captar la esencia del personaje.

> **Escucha profundamente dentro de tu corazón y de tu alma. Concibe un nuevo nombre para ti. Quizás también desees encontrar un nombre nuevo y sonoro para otras personas que te sean importantes.**
> **Crea un nombre para el reino de tus deseos, un lugar donde se cumplan tus anhelos más preciados. Encuentra un nombre para aquel lugar donde puedas depositar todo lo que no desees tener en tu corazón y en tu mente.**

## Voces

Todos tenemos dentro nuestro la capacidad para contar las verdades del viento, de la piedra, la flor, la nube y de todas las criaturas de la tierra y para articular la verdad de todos los seres humanos. Para lograrlo sólo necesitamos abrir y desarrollar nuestra capacidad de escuchar. Las orejas, con su forma ondulada como la del caracol marino, son el órgano que alberga toda nuestra capacidad de oír. En muchos cuentos de diferentes lugares, a veces, los personajes reciben a través de medios mágicos la habilidad de escuchar y entender las voces de los pájaros, los animales y el viento. Incluso hasta podrán escuchar a través del brillo del sol, la luna y las estrellas y recibir de ellos claros mensajes y guía. Cuentos como estos nos recuerdan que los significados íntimos son inherentes a todos los seres vivos y que el mundo entero habla si tan solo pudiéramos escuchar y comprender. Dentro de los límites seguros de un cuento, un personaje cuyo poder de escuchar está ampliamente desarrollado nos ayuda a despertar el potencial del propio. Al menos por un tiempo, se ablandan las asperezas formadas en defensa de los ruidos ensordecedores de nuestros encuentros cotidianos con la civilización moderna. A medida que se expande nuestro sentido auditivo, los otros sentidos también tienden a expandirse, incluso el sentido de nosotros mismos y nuestra relación con el universo. Mientras te vayas abriendo a cada resonante momento de tu cuento, las piedras, los árboles y los insectos que viven y viajan a través de los paisajes de tu imaginación, hablarán por sí mismos. Las piedras cantarán su rítmico propósito sobre la tierra. Las plantas podrán llamar y cantar con sus claras voces en tu mundo de historias. Los animales contarán sus necesidades y ofrecerán su ayuda. Los vientos entonarán canciones desde las profundidades de las estaciones. ¿Qué no podría cantar o hablar a través de los cuentos? En estos tiempos de discursos marchitos y de un escuchar apagado, es importante crear nuevos y más profundos poderes para escuchar dentro de ti y en tus personajes.

Algunas personas se abren a la imaginación principalmente a través de su sentido auditivo, otros a través de la vista, el movimiento o el tacto; el sentido del gusto y del olfato son también puertas hacia la vida interior.

Recientemente tuve el privilegio de escuchar cantar a una mujer de unos cincuenta años. Ella había empezado a crear un cuento de forma espontánea, con otras dos personas. Al principio su hermosa canción era casi inaudible, aún así sus palabras y melodía fluían de sus labios como de un manantial puro. Ella siguió cantando, suave, con todo su corazón. Un hombre, sentado frente a ella sostenía tiernamente una muñeca, a la que había nombrado D.E. Él nos contó que D.E. significaba Divine Enfant (Infante Divino), pero que al bebé lo criaba una "madre de alambre" sin importarle sus verdaderas necesidades. El niño despertó la compasión de esta señora. Cuando el taller estaba finalizando, le pedí que recordara su canción. Me miró con duda y tristeza. Le dije: "Recuérdala por todos los niños que sufren y la cantarás por el resto de tu vida." Entonces ella sonrió radiante. Tiempo después nos contó que se había parado descalza en un arroyo, con el hombre que amaba profundamente, y había cantado libremente por un largo tiempo.

Las profundidades de la imaginación ahondan el sonido y el lenguaje. A menudo me sorprende y maravilla la belleza de las palabras y la sintaxis que brotan de los niños, quienes en el lenguaje cotidiano pueden sonar guturales y monosilábicos. Una niña de diez años, "una máquina de hablar", estaba en uno de mis grupos de teatro, sentada descuidadamente y charlando; sus ojos mirando vacíos. Me pregunté si ella podría unirse al resto. Al comenzar, dije con más convicción que de costumbre: "Ahora sus voces cotidianas pueden tomar un descanso y sus voces de narradores de cuentos pueden salir. Permitan que sus voces sean hermosas." En su cuento, ella era una princesa con una exquisita y natural cortesía que requería el respeto de su madre, la reina. En su historia sobre la compasión de la realeza, ella se tomó un elocuente descanso de esa charla histérica que había aprendido de su verdadera madre. Su espalda estaba erguida y limpia su mirada. Cuando terminó el cuento, el grupo y yo conocimos a la verdadera princesa que serenamente vivía en su interior.

Abrir nuestro centro del habla es una de las cosas más poderosas que podemos hacer por nosotros y por los demás. Los libros sobre oratoria y formación del habla son una brillante adquisición para cualquier biblioteca.

> **Crea una pequeña canción, con una melodía simple, sobre alguien o algo que amas. Sin importar lo que "pienses" sobre ti mismo, cántala por lo menos siete veces, hasta que se convierta en un pequeño mantra. Acepta a tu niño interior que disfruta la repetición de palabras y la sensación de estar rodeado de sus propios sonidos amorosos.**
>
> **Cuenta un cuento en el cual los seres humanos hayan perdido el poder del habla y del canto. Haz que los protagonistas vayan en busca de estos poderes y que sean ayudados por el sol, la luna, el viento, el agua y por criaturas compasivas.**

## Comienzos

En el mundo de la imaginación puedes alcanzar las alturas, ser muy fuerte y vital. Las complejidades de la vida cotidiana, trabajo, diversión y descanso, a veces pueden parecer agobiantes, incluso sin salida. En el mundo de las historias predomina un sentido de movimiento hacia la plenitud y la redención. Cuando parece perderse este impulso positivo, haciendo que uno se sienta deprimido o disminuido en su poder vital, la expresión viva "Había una vez…" ("Once upon a time…")[1] que la mayoría de los viejos cuentos poseen, permite que uno experimente un nuevo comienzo. "Once" da la sensación de inmediatez; "upon" eleva el paisaje del cuento hacia la imaginación; "a time" te transporta junto a tus oyentes hacia adelante y hacia atrás, hasta llegar a un punto de quietud desde el cual los sucesos de la historia se despliegan creativamente. Tienes el poder de hacer nacer una historia que renueva el tiempo, el espacio y el sentido de la vida y de quién eres. Como narrador de historias eres co-creador de la próspera vida del universo.

Cuando trabajo con personas en forma individual o en pequeños grupos, les ofrezco sugerencias simples y positivas. Sé que la mayoría que se acerca al grupo lo hace como un desafío personal. Si alguien vacila al comenzar su cuento, le digo:

> *Tu respiración te impulsará, sin importar en qué momento del cuento te encuentres. Si piensas que no puedes comenzar, ese es un momento especialmente precioso. Puedes sentir la mayor resistencia cuando estás al borde de un gran descubrimiento. ¡Respira! ¡Comienza, continúa y sigue hasta el final!*

Rápidamente el aire se llena de nuevos comienzos, de expectativas y de deleite creativo. Hay sonrisas y carcajadas, desconcierto y, a menudo, lágrimas que brotan o se derraman. Hablar desde nuestro centro con amorosa imaginación trae una sensación de liberación. El espontáneo "niño interior", cuya alma es naturalmente elocuente, en algunas ocasiones ha estado recluido por muchos años. Rara vez trabajo con alguien que no llore en algún momento al explorar las historias y los cuentos. Honro esas lágrimas. Por lo general, la pena eventualmente se transforma en grandes sonrisas de satisfacción, quizás hasta en carcajadas estruendosas y en lágrimas de alegría.

Antes de encontrarme a mí misma a través de la narración de historias, durante muchos años, había sido una persona estoica en lo emocional, con pocos sentimientos que pudiera llamar míos. Ahora poseo una colección de pañuelos de diferentes estilos y colores que guardo en un canasto artesanal, que está presente en las reuniones en mi hogar. "La alegría y la pena están finamente entretejidas" escribió el gran poeta inglés William Blake. Al lavar y planchar esos pañuelos recuerdo las lágrimas que los rozaron. Algunas veces les pido a las personas que guarden por un rato sus pañuelitos de papel, especialmente si no habían derramado lágrimas por un largo tiempo, para recordar y honrar el momento en que brotaron sus sentimientos. Los que rechazan esta idea al principio, son los más agradecidos al final.

**Lee en voz alta las palabras con las que comienzan seis o siete sabios y viejos cuentos; tal vez quieras usar algunos de los citados al final de este libro. Elige uno de estos comienzos como punto de partida para tu propia historia. Por ejemplo:**

*Hace mucho tiempo vivía el hijo de un rey, que tenía una novia a quien amaba con todo su corazón.*

*Había una vez un músico maravilloso que, apenado, iba por el bosque y pensaba sobre toda clase de cosas; y cuando ya no le quedaba nada más en qué pensar dijo: "El tiempo me pesa aquí solo en el bosque, me buscaré un buen compañero."*

*Había una vez una anciana reina que estaba enferma y que pensó: "Estoy recostada sobre mi lecho de muerte."*

*Hubo una vez una niña que no hacía otra cosa más que hilar y tejer.*

# Finales

La gran mayoría de los sabios y antiguos cuentos tienen un final feliz. ¿Cómo podrías beneficiarte si terminas tus cuentos de una manera positiva? La esperanza es alimento y energía: sus nutrientes inmateriales circulan a través nuestro desde los centros evolutivos de nuestro universo. Los sabios creadores de cuentos siempre se nutrieron de estas fuentes. Ellos eran los encargados de llevar consuelo y esperanza, como vino y agua bendita, a las reuniones de la realeza, a los humildes altares en los hogares, y a las fuentes de los pueblos. Su inspiración y su trabajo era mejorar y fortalecer el espíritu de todos sus oyentes, cualquiera fuese su etapa de desarrollo y su fe. Hoy, tu puedes seguir los mismos patrones sanadores que fueron escritos en los corazones y las lenguas de los creadores de cuentos que te precedieron, quienes encontraron oyentes principalmente donde la religión tradicional había perdido su atractivo. En el sabio y antiguo arte de narrar historias, "un final feliz" es sagrado. Limpia viejas tristezas y premia todas las pruebas y las tribulaciones. "Y vivieron felices para siempre" es el equivalente a un "triunfante finale"[2]. Es como si un pimpollo fuera liberado para florecer en una alegre danza con los cielos.

Un final feliz arquetípico une dos temáticas. La primera es el encuentro y la celebración del amor verdadero. El segundo tema es el auto dominio. Cuando dos almas se unen, quizás luego de sufrir grandes angustias y oposición, nuestro niño interior queda profundamente satisfecho al saber que la unión va a ser "para siempre" o que por lo menos "… si no han muerto todavía siguen estando vivos." En el final de un cuento de hadas, si un ingenuo u otro viajero llega a convertirse en "rey" o "reina" con una gran herencia, esto le habla a aquella parte de nuestro ser, que más allá de cualquier posesión material, anhela la experiencia de poseer abundante sabiduría para gobernar nuestros propios reinos.

El clásico final de un cuento de hadas nos proporciona un brillante mapa para nuestro crecimiento hacia un firme y sabio reinado. La bendecida unión nos dice que somos uno y eternos cuando experimentamos el verdadero amor. Somos libres de culminar nuestra vida en tribulación, pena, rendición, ironía y amargura. O podemos esforzarnos para elevarnos sobre todo esto y lograr un firme sentido de celebración. Como narrador de historias tienes el privilegio de nutrirte una y otra vez de la fuente de sabiduría que también alimenta a las grandes religiones de todo el mundo. Puedes desarrollar, de una forma especial a través de profundas impresiones en tu imaginación, fe para coronar tu misión en esta Tierra.

En la mayoría de los antiguos y sabios cuentos se solucionan los problemas con un final feliz. A veces un dilema puede ser muy profundo.

He conocido a una persona muy espiritual que desde hace tres años ha estado escribiendo unos relatos donde dos niños perdidos están buscando a su verdadero Rey y Reina. De vez en cuando, ella comparte conmigo lo que va escribiendo. Hace poco, la historia ubica a los niños, quienes se han hecho invisibles, en un bosque oscuro. Allí encuentran al Rey y a la Reina rodeados por muchos cazadores. Sin embargo, los niños pronto descubren que aquellos son impostores vestidos con ropas de la realeza.

Durante los tres años que esta mujer ha dejado que su imaginación se apodere de su solitaria "niña interior" y la lleve por estas aventuras, ella ha creado muchos relatos para niños con problemas. Como consejera escolar ha podido compartir las historias con ellos, sus compañeros y sus familias. En poco tiempo el director de la escuela donde ella trabaja, al igual que un grupo de padres entusiastas y agradecidos, se interesó en que ella narrara historias.

**Selecciona uno de los finales mencionados a continuación que fueron creados, a menudo con gran sorpresa y satisfacción, por personas como tú. Cuenta una historia que salga de tu imaginación y llegue a este final:**

*Sobre la piedra, escondido debajo del rosal, un pequeño elfo estaba sentado observando alegremente la fiesta con una pierna cruzada sobre la otra.*

*Ella salió del agua y se tendió sobre la hierba, bajo una deslumbrante luz dorada. Observó los frutos y los pájaros verdes en los árboles. Vio personas que venían por la pradera. Fue a su encuentro. Ellos se acercaron, le tomaron las manos y la abrazaron.*

*Creo que hoy hemos aprendido mucho, dijo. Se abrazaron
y bailaron por un largo rato entre la oscuridad y la luz.*

*Luego de liberar el castillo de telarañas y bandidos, el
príncipe y la princesa se convirtieron en rey y reina del lugar. Al final el orden fue restaurado e imagino que todavía
siguen viviendo allí.*

[1] N. de E. La expresión inglesa "Once upon a time..." es equivalente a
la española "Había una vez..." comunmente utilizada para iniciar el relato de una historia. Sin embargo la traducción literal sería "Una vez
*(once)*, en *(upon)* un tiempo *(a time)*..."

[2] N. de E. La autora hace referencia al movimiento final de una composición musical.

# 2 | Movimiento y sentido de la dirección

Los amantes no se encuentran, finalmente, en un lugar.
Han estado uno en el otro todo el tiempo.
*Rumí*

## Música

Al contar cuentos, aquellos poderes vitales escondidos en tu interior, pueden recuperar su compás y su ritmo. Las melodías de los diversos estados de ánimo resonarán así a través de las imágenes de tus historias. Posees un sentido de la coordinación que brota naturalmente de tus músculos y extremidades. No importa cuan limitado o torpe puedas sentirte en tu vida cotidiana, en lo íntimo sabes moverte con una vitalidad encantadora. Al igual que en una composición musical, las metas y los principios ordenadores generarán un patrón en tu historia con un gran sentido de orden y propósito. El lenguaje tendrá ritmo y tono propios. Resiste el impulso, aunque sea brevemente, de parodiar, burlar, o ponerte sentimental al considerar las viejas y conocidas estructuras de los cuentos, para que su rica y saludable vitalidad brote hacia ti desde la fuente original.

Te puedes deleitar escuchando atentamente la música interior de los cuentos clásicos y así elaborar tus propias historias con un flujo temático y un contrapunto similar. Los clásicos cuentos de hadas, al igual que las sinfonías clásicas, marcan el ritmo en forma majestuosa. La estructura de "Blancanieves", en la colección original de Los Hermanos Grimm, muestra varios elementos importantes de la estructura de los cuentos. Una temática es presentada al comienzo: el anhelo, el nacimiento y la muerte. Cuando la niña nace muere la reina buena. Esta muerte resuelve la bella apertura. La madrastra personifica el contrapunto; su orgullo se convierte en envidia y en celos asesinos de los cuales la niña debe ser salvada. El desarrollo central del cuento envuelve a la hermosa niña que va creciendo bajo la protección de los siete enanitos, cuya naturaleza esta definida por la fuerza y el coraje típicos de las montañas donde viven y trabajan. La crueldad de la madrastra penetra en este reino, hasta casi aniquilar las fuerzas de los siete pequeños trabajadores. En el final aparece el príncipe, quien con la pureza de su amor irrumpe en el hielo de este cautiverio, destruyendo así el vínculo con la celosa reina. Con su llegada, el príncipe devuelve a Blancanieves al reino de lo humano, contando con la bendición de los siete enanitos.

La inocencia se encuentra con obstáculos; aparece la ayuda, después más obstáculos y más ayuda, y así sucesivamente hasta culminar en un final de amor y plenitud. Este ritmo básico de la historia tiene una conexión profunda con los latidos del corazón humano, que realiza regularmente tres expansiones y contracciones hasta que un recorrido circulatorio se completa. Ya sea larga o corta, una historia se puede experimentar como una sinfonía de "palabra-imagen" que circula a través de las cavidades de un corazón lleno de alegría. El tempo de un cuento puede ser descubierto y llevado por el narrador de la misma manera que una pieza musical es interpretada por un músico. Un relato en *largo* puede generar una catarsis melancólica, el *allegro moderato* un balance lleno de energía. Repiqueteos ligeros sobre la lengua: *vivace, molto vivace* o *furioso*, apelan a las veloces energías mercuriales tanto de narradores como de oyentes. Los silencios entre las palabras y las diferentes partes de una historia pueden ser tan elocuentes como en una pieza musical. Dentro de los límites de cualquier cuento, pueden existir diversos temas y ritmos dominantes, dando a la lengua, el corazón y la mente la satisfacción de un viaje con contrapuntos a través de los reinos del tiempo.

Los patrones musicales del corazón humano son la base de las historias más hermosas y poderosas que se han creado y contado en esta tierra. Mientras estés conectado al pulso y latido de tu corazón, la respiración con la que crees la música de tu relato estará impregnada de ritmos cálidos y fluidos. Esto impulsará naturalmente tu historia. Al narrar desde tu corazón, estarás en contacto con arquetípicos principios que viven en el lenguaje de las historias y en todas las creaciones armónicas.

Cuenta un cuento de hadas a través de una composición musical espontánea utilizando tu instrumento favorito. Tal vez luego quieras escribirla. La música despierta imágenes y el poder de las palabras. Pide a cada persona que concurre al taller de narración que lleve su instrumento musical preferido, u ofrece una variedad de instrumentos para que ellos elijan. Cada instrumento puede representar un personaje, un paisaje, un lugar, o un hechizo mágico de la historia. Pide al grupo que elabore una historia espontánea únicamente a través de la interacción de los instrumentos musicales. Se pueden utilizar instrumentos simples tales como castañuelas, triángulos o tambores que pueden interactuar con silbidos, rasgueos o cantos. Pide al grupo que practique su historia hasta saber la música de memoria y que luego la presente al resto. Los demás pueden intentar adivinar sobre qué trata la historia, o, luego de la presentación musical, alguien del grupo puede contar la historia con palabras.

Para tomar mayor consciencia del poder que posees para regular la velocidad y los ritmos de tus palabras al narrar cuentos, cuenta la misma historia en una variedad de tempos.

Canta una historia como si fueras un niño desinhibido en un hermoso jardín donde sólo las abejas, las hormigas y los árboles pudieran escucharte. Una valiente señora mayor contó que siempre había explorado la vida con un "lazo" alrededor de su cuello que constantemente limitaba su respiración. En tu relato, un cinturón de hierro ajustado alrededor de la garganta y del corazón de tu historia, podría romperse.

# Descenso

Al crear una historia, quizás te sorprenda un impulso repentino o persistente de ahondar, de llegar a lo profundo. O tal vez, sientas como que estás cayendo tal como lo hizo Alicia, a través de un túnel ya existente, hacia "el país de las maravillas". Si desciendes llegarás a niveles más profundos, no sólo de la vida en la tierra sino también de tu propia vida. Este impulso de descenso puede llevar a la oscuridad, a fuegos excitantes y amenazadores, a cuevas donde existen gemas escondidas y joyas de sabiduría y poder. Los guardianes de estas profundidades te pueden sorprender por su aspecto y conducta. Quizás te

encuentres con bestias salvajes, dragones, monstruos de sombras que
están al acecho, esperando con pruebas, contraseñas, acertijos, ilusio-
nismos y con misteriosos anhelos, que quizás sólo puedan ser calmados de formas mágicas.

Al descender dentro del terreno de las historias, podrás descubrir gnomos y enanos, los tradicionales trabajadores del interior de la tierra.
"Curdie" los halló en las minas de las montañas de Escocia, en el universo de la historia[1] de George MacDonald. El magnético brillo de estos reinos llenos de joyas constituye el tema principal de los mitos
germanos dramatizados por Richard Wagner en su versión de "El Cantar de los Nibelungos." En las mazmorras de viejos castillos puede estar encadenado un noble viajero como Daniel, el personaje bíblico,
quien fue mantenido cautivo en la oscuridad por su capacidad para interpretar los sueños. Antiguas tradiciones griegas y de indios origina-
rios de América muestran a una doncella que desciende a los reinos de
las sombras, debajo de la superficie de la tierra conocida, y allí se encuentra con los espíritus de los que murieron y fueron enterrados. Como una aventurera de las profundidades de la tierra, la doncella es
iniciada en los caminos del mundo de los muertos. Ella se convierte en
reina y como tal provee ayuda y guía a las almas que, una vez preparadas, pueden recibir el toque de su radiante sabiduría para retornar a los
reinos de la luz y el aire. George MacDonald creó ayudantes del infra-
mundo especiales y únicos a la vez, por su feminidad y benevolencia,
que usaban brillantes coronas, zapatos y túnicas. Estas presencias fe-
meninas poderosas siempre encontraron y ayudaron a los niños que
allí se habían perdido.

El coraje para descender al terreno de las historias nos puede llevar en
varias direcciones al mismo tiempo. De forma similar nuestros cuerpos contienen muchas misteriosas cavidades, aberturas y ramificacio-
nes nerviosas y arteriales. Una historia puede iluminar en las
profundidades de nuestro sistema circulatorio. Este nos conecta con
algunas de las realidades más profundas del mundo exterior y con
nuestra voluntad de vivir, de ser y de generar nueva vida dentro y alrededor nuestro. Cuando el personaje de la historia recibe cuidadosos
consejos y talismanes antes de aventurarse a descender hacia estos rei-

nos, si éste posee sabiduría aceptará la ayuda ofrecida. Los personajes duros y descuidados quizás sean comidos por monstruos, o hechizados y encarcelados por brujas o demonios. Luego, deberá hallarse la manera de reconectarlos con la luz y el orden del mundo de arriba.

Tienes el poder de descender hacia tus más oscuros centros de la voluntad, el coraje y la regeneración. Como narrador y creador de historias, te encuentras con tu poder de dar vida y de quitarla, de vivir y de morir o de reinar y abdicar. La historia completa de la muerte es tu herencia, al igual que lo son los vastos océanos del nacimiento y de la vida sobre la tierra. Al aceptar tus caídas y tus resurgimientos, la luz brillará aún en tus zonas más oscuras. Las imágenes que brotan desde allí hacia tus pensamientos y sentimientos te mostrarán las profundidades de la naturaleza humana. Lo que surja desde tu interior podrás incorporarlo en tus historias.

Tres niñas, entrando a la pubertad, armaron una historia con títeres. Cuando me di cuenta de lo maravilloso que era lo que habían creado, lo transcribí lo mejor que pude. Armaron el decorado colocando sillas sobre una mesa larga y con diferentes telas de seda de hermosos colores que yo había teñido. La tarea era crear una historia acerca de alguien que debía ser liberado, y que al final, hubiera una razón para una gran celebración. Cada grupo de niños tuvo una hora para preparar la historia que presentarían. Una de las niñas era desafiante e inquieta, pero su actitud y su voz cambiaron magníficamente durante el transcurso de la historia. Puedo asegurarles que no participé en el cuento, sólo di las indicaciones; aunque sí había preparado un ambiente confiable para que los niños dieran rienda suelta a su profunda imaginación.

Sobre una silla dada vuelta, ubicaron el rosado aposento de la reina. Justo debajo armaron un lugar oscuro, con telas violetas y negras; una escalera de seda era la conexión. Hacia un lado había un bosque verde claro y lavanda. La niña que contaba el cuento explicó todo esto antes de comenzar:

La princesa comenzó con un gran gesto: *"Este es el palacio donde mi madre preside sobre todos."*

*"Puedes explorar"*, dijo la reina, *"pero no debes ir a la habitación de abajo, mi querida."*

*"Gracias, madre."* Ella desciende por la larga, larga, larga escalera caracol."

*"Oh, ¿quién se queja con tanta angustia?"* Debo desobedecer a mi madre para ayudar a esta pobre alma. *"¿Cómo puedo ayudarte?"*

*"Ayúdame. Sálvame".*

*"Haré todo lo que pueda. Regresaré a los aposentos superiores para ver qué debo hacer."*

*"Hija mía"*, regaña la reina.

*"Pero madre; fue por ayudar a esta amable y solitaria persona que he bajado."*

*"Hablaremos más tarde sobre tu castigo. Ahora, debes ir a ver a aquella que aconseja a todas las princesas confundidas y desobedientes. Ella es sincera y no te hará daño".*

Así fue que la princesa se adentró en las profundidades de un oscuro bosque. La neblina se levantaba a su paso. Llegó al pueblo de una sabia mujer india.

*"Necesito tu guía"*, dijo la princesa y le contó sobre su descenso hacia la habitación oscura y sobre el espíritu que, desde allí, la había llamado. La sabia mujer india aceptó acompañarla.

*"Princesa, tu pedido es bondadoso y lleno de sabiduría. Estoy feliz de que todavía queden en este mundo egoísta algunas almas como tú. No debo permitir que este pobre espíritu continúe sufriendo. Trataremos de liberarlo".*

Entonces, viajaron a través del bosque, la neblina se abría a su paso.

*"Este es el palacio donde mi madre preside sobre todos"*, dijo la princesa nuevamente.

*"Ella siempre está cumpliendo con sus deberes de reina".* Entonces se dirigen a la reina y le cuentan lo que están por hacer.

La reina accedió ante su pedido. Luego, ella retomó sus deberes de reina.

*"Debemos ir y liberar al espíritu".* La princesa y la sabia mujer india descienden por la larga, larga, larga escalera caracol hacia la

*habitación oscura.*
*"Ayúdame. Ayúdame. Sálvame", gime el espíritu angustiosamente.*
*La sabia mujer le pregunta y escucha su historia. "Este espíritu*
*había pertenecido a un pueblo bondadoso; pero otros llegaron so-*
*metiéndolo hasta que sin evidencia alguna, ella fue encerrada en*
*un calabozo y mantenida allí, entre las ratas, hasta su muerte.*
*Como tantos otros, había sido cruelmente juzgada.*
*"Ayúdame a liberar a este espíritu errante que carga sobre sus es-*
*paldas las sombras del mal", le ruega la mujer sabia a la prince-*
*sa. Ellas cantan juntas y así la liberan.*
*"Sigue tu camino. Tienes mi bendición. Las estrellas no son mo-*
*destas, ve y brilla como una de ellas." "No te detengas, sigue hasta*
*encontrarte con las estrellas".*

*El espíritu salió de la oscura habitación hacia la luz y fue llevado*
*hacia la estrella.*
*La sabia mujer y la princesa subieron la larga, larga, larga escale-*
*ra caracol e informaron a la reina lo que había sucedido. La sabia*
*mujer preguntó si la princesa podría regresar con ella a su pueblo*
*para participar de una celebración especial.*
*"Celebraremos con una danza, con todos los colores en nuestras*
*cabezas, nuestros pies y en la respiración que vibra en nuestro*
*canto".*
*La reina accedió y permitió que su hija fuera con la sabia mujer.*

Una profunda sensación de alegría sobrevino sobre todos nosotros al
finalizar la historia. Este grupo de jóvenes adolescentes había logrado
una poderosa y misteriosa y transformación. De alguna manera, había
sido un gran acontecimiento.

Crea un sentido del arriba y del abajo en tu mente. Visualiza o percibe quién habita en esos espacios totalmente opuestos. ¿Qué conecta el abajo con el arriba?
Ahora envía a tu protagonista a las profundidades y
encuentra la manera de relacionar los niveles de abajo
y de arriba en tu historia.
Imagina un guía sabio quien lleva a tu personaje prin-

cipal a un mundo desconocido e interpretar lo que allí
encuentra.

## Ascenso

Al experimentar con gestos y movimientos en el espacio de la historia,
un irresistible impulso vertical puede elevarte alto y lejos, sobre alas o
vientos, o sobre una alfombra mágica. El poder de ascender te conecta
con la luz, la alegría y con vastos territorios sin explorar; penetra tu
cuerpo material y refleja en ti el inmenso movimiento del sol, la luna y
las estrellas. Los muchos centros de energía que te impulsan a las aventuras constituyen territorios a través de los cuales, los personajes de tu
historia pueden ascender. El reino sexual se puede representar a través
de imágenes poderosas; niños que nacen y otros por nacer, impulsos
románticos, miedos y celos, el sentido de la vida y de la muerte. Un
triste episodio en el magnético reino del hambre puede parecerse al Infierno de Dante. Al llevar a tu aventurero al reino del corazón, quizás
sientas alegría y calidez; de pronto la escena pareciera transformarse
con amor y permearse de una pacífica luz rosa y dorada.

Cuando se llega al reino de la garganta, el poder de hablar la verdad
puede despertarse de repente. La persona callada podrá encontrar su
voz y decir cosas que ningún otro haya podido; quizás broten palabras
de estímulo, de comprensión o de amorosa aceptación. O quizás, voces
de los más lejanos lugares de tu ser global sean escuchadas hablando en
diferentes lenguas. Un cantante puede emerger como un delicioso y
sorprendente poeta en la historia e iluminar experiencias y cosas comunes con amorosas palabras. Al ascender los peldaños de la escalera,
puedes llegar hasta el pensamiento, el centro integrador, y desde allí
hasta los lugares más recónditos de visión y verdad espirituales, donde
el poder de percibir y discernir se despierta a la luz de una conciencia
en permanente expansión. Los personajes de la historia que deambu-
lan o que son impulsados a entrar a estos diversos reinos reflejan sus
verdades.
A través de la narración de historias, puedes experimentar, sin riesgos,

las delicias de ascender siguiendo sabios consejos o las severas consecuencias al aventurarte descuidadamente en lugares desconocidos.
Dentro tuyo coexisten el equilibrio y el desorden. Si no se encuentra
una manera de descender, las alturas pueden ser tan siniestras como
las profundidades. ¿Cómo podría perfeccionarse este impulso de ascender? La princesa arquetípica encerrada en su torre necesita desesperadamente ser rescatada y devuelta a la tierra en un contenedor
abrazo. El dilema de "La princesa de la luz", en el cuento de George
MacDonald, es que ella no puede dejar de levitar. Las torrecillas y to-
rres del castillo podrían expresar una enaltecedora sensación de poder,
orgullo y celebración, sin embargo, una hechicera encerrada entre las
paredes de la protectora torre deberá encontrar la manera de descender al mundo de los comunes mortales. El vuelo de Dédalo[2] nos muestra el peligro de volar demasiado alto y demasiado rápido. Los
constructores de la Torre de Babel trataron de tocar el cielo ascendien-
do en espiral a alturas nunca antes expresadas en piedra, y en su lugar,
crearon muchas voces rotas.

Una madre norteamericana, con ascendencia escandinava, escribió
una poderosa historia durante uno de los talleres al que ella asistía; comenzaba así:

> *Había una vez una joven e inteligente princesa que amaba cantar*
> *y bailar, pero sobre todo, amaba escuchar el canto melódico de los*
> *pájaros del bosque, ya que al hacerlo, ella soñaba con lugares le-*
> *janos. Cuando danzaba y soñaba sus trenzas entrelazadas con*
> *cintas, también danzaban. Adoraba usar faldas livianas y así po-*
> *der ver cómo el aire las movía, como a las alas de los pájaros que*
> *vivían en los árboles. Sus ojos eran de un azul brillante, como un*
> *océano resplandeciente por el sol. En sus pies usaba zapatos rojos,*
> *los más suaves que uno pudiera imaginar; ellos protegían sus pies,*
> *pero la suavidad del cuero parecía un terciopelo acariciando su*
> *piel.*
> *Sucedió que ella estaba sentada bajo su sauce llorón favorito, es-*
> *cuchando a los pájaros, cuando un pájaro blanco particularmen-*
> *te hermoso le llamó la atención. Se sintió atraída hacia él, quería*
> *seguirlo y se levantó para hacerlo. El pájaro sobrevoló praderas y*

*campos rocosos hasta el borde de un bosque sombrío. Ella no sabía que había llegado al bosque, pero de repente se dio cuenta que ya no veía al hermoso pájaro y que había oscurecido. Las cintas de sus trenzas habían dejado de volar. No supo qué hacer porque ella deseaba tanto estar con el pájaro; entonces comenzó a llorar.*

Las aventuras que siguieron llevaron a la pequeña a lugares extraños., Luego, nuestra narradora, contó sobre el poder que tuvo esta historia en su vida:

"Tengo ahora una forma positiva de entender el legado recibido. Tengo una forma de encontrarme con él, con una mente creativa y no desplomarme o entrar en el síndrome de lamentar mi destino. Me siento aliviada al saber que tengo la libertad de salir de aquellos lugares que me causen temor. Tengo una manera de encontrar significados profundos y reconciliar situaciones. Puedo mirar los símbolos, y cuando los comprendo, es una gran satisfacción. La niña con las trenzas continúa su proceso; no fue algo que me ocurrió de un día para el otro. La historia me muestra que tengo la habilidad de encontrar mi camino. No tengo miedo de hacerlo. Tuve miedo, era tímida. La historia me llevó a un nivel que me generó ánimo, como si mi lado espiritual hubiese recibido un impulso de confianza. Es como la cama tibia y cómoda donde uno se acuesta en una noche fría. Me sentí reconfortada espiritualmente a niveles tan profundos que ni siquiera yo sabía que existían. Encontré satisfacción en el acto de encarnar la historia, como si alguien me estuviera envolviendo en un acolchado increíblemente cálido. Durante todo el proceso me sentí cuidada."

Otra madre que también había participado del mismo taller, no había podido salir del árbol imaginario donde se había escapado la protagonista de su historia. Por muchas semanas tuvo que trabajar sobre su descenso. Se puso contentísima cuando por fin su heroína se dio cuenta de cómo escaparse del árbol encantado y hacerlo de la manera "correcta" para ella.

Cuenta un cuento donde el personaje principal observa las cosas con una claridad inusual, como mirando
desde arriba y que relata con sencillez lo que ve. ¿Cuáles son las consecuencias? Relee "El traje nuevo del emperador", de Hans Christian Andersen.
Elabora un conjunto de personajes que no pueden bajar a la tierra hasta que no reciban la ayuda propicia en
el momento adecuado.

## Circular

Los niños y los adultos comprometidos profundamente con un cuento
quieren escucharlo una y otra vez. Las repeticiones construyen patrones de energía y fortalecen los ya existentes en nosotros. Los patrones
sanos nos conectan con el ritmo fluido a partir del cual nuestra tierra,
el sistema solar y los mundos más allá de este, son construidos y mantenidos En una historia, un viaje en círculos a través de un mismo territorio vivifica nuestro sentido de tiempo y de lugar. Sea largo o corto,
cubra una enorme distancia o concentrado dentro de los límites de
una pequeña y verde colina, o un mágico cuarto subterráneo, quién
circula una y otra vez por éstos lugares, gana familiaridad y fuerza. El
seguro movimiento del sol, la luna y las estrellas a través de los cielos
de la historia, inspiran confianza mientras otros eventos menos orde-
nados se van desarrollando. La continuidad de las estaciones, que se
turnan para cuidar de las semillas, las raíces, el tallo, las hojas, los pimpollos y las frutas, brindan una profunda sensación de paz y orden
cuando grandes y terribles eventos deben ser afrontados por vulnerables aventureros. Como en "El árbol de enebro", de los Hermanos
Grimm, siempre que una verdadera imagen de la regularidad cíclica
de las cosas sea brindada en una historia, una amable sensación de
asombro y seguridad nos ayudará a sostenernos a través de los peligros
que deban afrontarse.

Las plantas crecen en forma ascendente con ritmos circulares, seguros
y firmes. Los patrones invisibles de crecimiento del ser humano tam-

bién se desarrollan con un ritmo regular. En los cuentos de hadas, a veces te encontrarás con una colina o una gruta que sólo se abrirá al caminar a su alrededor con atención, y al repetir ciertas palabras en un cierto orden, una y otra vez. Al principio esta gruta puede parecer decepcionante por lo común o aburrida; pero cuando se cumple correctamente con los rituales necesarios, una entrada aparece y lo que estaba cautivo es liberado del encantamiento.

En la sabiduría de las imágenes de los cuentos de hadas, la creación y la destrucción de los hechizos a través de exactos movimientos y sonidos nos recuerda los círculos invisibles a través de los cuales nos movemos y hablamos mientras vamos construyendo nuestras vidas dejando atrás lo viejo por lo nuevo. Cuando prestamos correcta atención dirigiendo nuestra conciencia a estos circulares campos de energía que están "enterrados" dentro nuestro, éstos podrán florecer como belleza, bondad y verdad. Cuando logres que la verdad del ciclo de la vida humana viva en tu interior podrás, a partir de este sentimiento de circularidad, crear círculos de muchas dimensiones.

La historia de tu vida está conectada al movimiento de la tierra, el sol, la luna y las estrellas. El reloj de la vida tiene una cara redonda, a través de la cual giran continuamente los días, las semanas y los años. Podrás sumergir, con delicadeza, el mundo de tus historias en realidades circulares y así construir los patrones de tus historias desde una compleja y, a la vez, reconfortante geometría.

Cuenta una historia sobre un relojero "a la antigua" que disfruta su trabajo, construyendo el mecanismo circular de los relojes como también el diseño de los mismos. Llena tu historia de curvas y círculos. Incluye sus sentimientos por el sol que se mueve a lo largo del día, y por la luna y las estrellas que transitan por el cielo nocturno. A través de tu historia, disfruta de un profundo sentimiento de reverencia e interés sobre el magnífico y a la vez diminuto movimiento del tiempo. Crea un ritual mágico que se llevará a cabo dando un número determinado de vueltas y repitiendo palabras

con un ritmo especial. Desarrolla este ritual incluyén-
dolo en una historia.

Cuenta un cuento en el que las cuatro estaciones dan
tres vueltas durante las aventuras de tu protagonista.

# Avanzar y regresar

El instinto de volver al hogar ha dado forma a innumerables mitos y leyendas, y de la misma manera puede moldear tus propias historias. Ni
el lugar de destino ni el regreso pueden brindar una seguridad perfecta, pero puedes dejar que el argumento de tu historia avance con un
ritmo lineal y definido; una gran expansión seguida de una contrac-
ción y un regreso al punto de partida. Los cuentos infantiles más queridos ofrecen un cálido y cómodo refugio. Tanto Odiseo, Teseo,
Caperucita Roja o las niñas que visitan a la Madre Nieve salen de aventura y luego regresan a casa. Hansel y Gretel son recibidos en los brazos de su padre luego de sus peripecias por el bosque tenebroso. La
Querida Mili regresa, luego de muchos años, al corazón de su amada
madre. Un portón se abre a un tranquilo jardín; los animales domésti-
cos ladran y cantan. Un reino espera a sus gobernantes; un pueblo espera a su héroe o a la bondad de su heroína habilidosa. En dichos
cuentos, los lugares y las personas desde donde los protagonistas aventureros partían confiados, aún esperan impacientemente sus regresos.

En las historias de "Curdie" de George MacDonald, cuando la princesa encuentra a Curdie, a los cortesanos convertidos en bestias y a sus
otros ayudantes, recién entonces puede devolver la salud y el orden a
su padre, el rey, y al resto del reino. Cuando en la lejana Cólquida, Jasón conquista a una amante poderosa y el vellocino de oro, entonces él
regresa atravesando los grandes mares para reinar sobre su propia tierra. Un aventurero como Rip Van Winkle u Odiseo, vuelve al hogar
después de largos años para encontrar las cosas muy cambiadas; por su
gran amor busca reconstruir desde los fundamentos. Todas estas historias nos centran en el latido de nuestros corazones; con cada uno de
ellos recordamos que somos impulsados por principios y poderes

creativos espirituales que nos determinan hacia una vida que, en la muerte, nos hará volver al hogar en buen estado.

Como narrador eres consciente de que cada pequeño latido de tu corazón forma parte de la vasta trayectoria de tu vida entera. Tus idas y vueltas son parte del latido vivo de un universo mayor. Puedes disfrutar, dentro de este amplio contexto viviente, de los viajes rítmicos de tus personajes. Los latidos cálidos y constantes despiertan nuestro sentido de la aventura y de la confianza en la vida. Cuando el latido del corazón se expande, irás a reunirte con el mundo a tu alrededor. Al regresar a la relajación sistólica, uno experimenta introspección y paz.

Me emocioné al encontrarme por primera vez con padres que todas las noches se tomaban el tiempo de estar con sus hijos pequeños. Juntos habían desarrollado un hermoso ritual antes de irse a dormir, que a menudo aprenden los padres de los niños que asisten a las escuelas Waldorf. Toda la familia junta participa. Estos niños dichosos se acurrucaban sobre la falda y entre los brazos de su madre o de su padre. Ambos padres ayudaban a que cada niño recordara el día vivido. Podían comenzar con la cena, acordarse de una mosca verde o de la leche blanca sobre la mesa al mediodía, y luego de una divertida visita matinal. Ellos invertían el orden cronológico del día hasta que los niños pudieran recordar que se habían despertado por la mañana seguros en su propio hogar. Este simple ritual de hacer memoria incluía una oración para inspirar confianza en la naturaleza y en el bien del mundo; traía una sensación de orden, calidez e intimidad al final del día y fortalecía los sentimientos mutuos de amor y memoria.

En los jardines de infantes de las escuelas Waldorf, todos los cumpleaños de los niños se celebran con una versión del siguiente cuento, que puede ser adaptado en cualquier etapa de la vida para ese niño que todos tenemos dentro.

*Había una vez un pequeño ángel y un gran ángel en el cielo. El pequeño ángel amaba mirar las nubes. Un día corrió hacia el gran ángel y le preguntó:*
*"¿Qué es esa gran pelota redonda?"*
*"Esa es la tierra", dijo el gran ángel.*

*"¿Puedo ir allí abajo?"*

*Al día siguiente, de nuevo estaba jugando entre las nubes, y esta vez vio montañas, ríos y valles, y lo que veía era tan hermoso que corrió hacia el gran ángel y le preguntó: "¿Podría bajar a la tierra?"*

*El gran ángel dijo, "No, todavía no es tiempo".*

*Mientras el pequeño ángel dormía tuvo un sueño. (Aquí la maestra realiza una descripción cuidadosa del padre y de la madre).*

*El pequeño ángel preguntó, "¿Serías mi madre?"*

*La mujer dijo, "Sí". Luego el pequeño ángel vio un hombre cerca de ella y le preguntó, "¿Serías mi padre?"*

*"Sí", dijo el hombre. Luego el pequeño ángel despertó de su sueño y corrió hacia el gran ángel y se lo contó.*

*El gran ángel dijo, "Este es el sueño que tienen todos los pequeños ángeles que quieren bajar a la tierra".*

*El pequeño ángel preguntó, "¿Puedo ir ahora?"*

*"No, tienes que esperar hasta que la luna realice nueve círculos alrededor de la tierra". El gran ángel lo lleva a un lugar especial donde realizan los nueve círculos. Cuando terminan, aparece un arcoíris que se extiende desde el cielo hasta la tierra, y el pequeño ángel devuelve sus alas al gran ángel y cuando se despierta, se encuentra mirando directamente a los ojos de la mujer y del hombre que había encontrado en su sueño.*

Una madre que tenía que viajar grandes distancias en auto cuando su hijo tenía entre tres y cuatro años, desarrolló una rutina de cuentos que fue de gran ayuda para ambos. Cuando era hora de la siesta o de irse a dormir a la noche, ella le contaba una historia de un niño cuya vida era muy parecida a la de su hijo. Ella comenzaba cada aventura exactamente de la misma manera.

*Había una vez un niño que se llamaba Sandy[3]. Le decían Sandy por el color arena de su pelo. Le encantaba explorar e ir en búsqueda de aventuras. Vivía en una casa sobre una calle cerca del mar.*

En todas estas aventuras, ella dijo "que dejó volar su imaginación".

Una vez un viejo pescador invitó a Sandy a su barco y le contó lo que pensaba sobre la pesca.

Otra vez Sandy salió a explorar por la pradera y descubrió que cuando se quedaba callado podía escuchar los animales. Hasta un conejo le habló.

"Fue interesante lo que salía del proceso de "dejarme ir". Siempre traté de contar una historia basada en algo que recién habíamos experimentado o que iba a suceder. Si íbamos a un lugar de visita, se transformaba en un cuento de "Sandy".

A pesar de que su hijo ahora tiene once años, él a veces le pide "un Sandy". Hace poco, cuando ella comenzó con la introducción "a Sandy", él se durmió profundamente. Después de un rato, se despertó y dijo: "¿Qué pasó?". Ella contó que él habló entre dientes, porque a los once era reacio a mostrar cuánto deseaba sentir la misma seguridad y calidez que le proveía su ritual de contar cuentos.

Un niño de cinco años, muy vivaz, era sonámbulo y lloraba todas las noches, después de haberse mudado con su familia a otra parte de la ciudad. Cuando su madre angustiada me vino a ver, creamos una historia para que ella se la contara antes de dormir. Era sobre su antigua casa. En la historia, al dejar la antigua casa, ésta comienza a hundirse y a crujir. Pero cuando una nueva familia llega para habitarla, llenándola de alegría y de cálidos y agradables aromas de la cocina familiar, la casa revive y en paz acoge en sus "brazos" a la nueva familia. La historia funcionó maravillosamente.

Contar cuentos originales cultiva la sensación de un retorno seguro. Elabora una historia acerca de alguien o algo que se aleja de su amado hogar, y que al regresar, lo encuentra sin cambios. "Un largo tiempo" puede ser diferente para un adulto que para un niño, pero todos experimentan asombro y consuelo al volver.

Crea una historia acerca de alguien o algo que se aleja de su amado hogar y que luego de mucho tiempo regresa por el mismo camino y lo encuentra casi irreco-

nocible. Tal vez quieras imaginar que tu personaje
principal ha perdido uno o más de sus sentidos, como
la vista o el oído; sin embargo a pesar de esta discapa-
cidad, su poder para reconocer aquel amado lugar
puede verse potenciado.

[1] N. de E. En este caso la palabra historia alude al sentido cronológico
(histórico) y no al narrativo. El inglés cuenta con dos términos diferentes: "History" (sentido cronológico) y "story" (sentido narrativo).
[2] Dédalo, mitología griega, arquitecto constructor del Laberinto de
Creta.
[3] N. de E. En inglés "sand" significa arena.

# 3 | Paisajes

¡Oh, amable lector! Tu encontrarás una historia en cada cosa.
*Wordsworth en Simon Lee, the old Huntsman.*

# Montañas

Las escarpadas cumbres y picos en el paisaje de una historia podrían recordarte tu propio camino hacia metas "más elevadas". Cuando escalamos, nuestros corazones laten con mayor rapidez y nuestras extremidades se sienten más robustas y fuertes. Los ideales elevan nuestras cabezas y nuestros corazones hacia una nueva vida y un nuevo amor, dando lugar a un intenso resurgimiento de energía. Un "elevado" maestro podría entregar dones y mensajes útiles. Sin embargo, en muchos relatos antiguos, en la cima de la montaña se encuentra un amor profundamente triste, desterrado o embrujado, esperando allí que su verdadero amor lo descubra, y lo libere de su soledad y pena. En la tradición popular europea, esta montaña de soledad muchas veces era descripta como de cristal, imposible de ascender sin ayuda mágica. Sólo sobre las alas del deseo, por un misterioso proceso de alquimia y con mucha perseverancia, el verdadero amor podría trascender superando todos los obstáculos, tanto aquellos que están en la base como los que vayan apareciendo con el ascenso. Quizás un águila llevó a su perdido amor hacia las alturas, cargando una cadena de oro, o un ropaje de deseos perfectos. Esta mística montaña brilla, aún tenuemente, en todos los seres humanos; a menudo debe ser buscada a través de grandes esfuerzos y tribulaciones.

A veces las montañas también ocultan y revelan a los viajeros reinos tales como Shangri-La, transformado más allá de la ordinaria gravedad terrenal. Las imágenes detrás de las historias, que viajan cerca de los "cuerpos celestiales", pueden llegar a representar piedras como flores en la luz; ámbar, esmeralda y agua marina, colmadas de luminiscencias sobrenaturales. Los viajeros que se topen con habitantes de estos reinos pueden encontrarse con una sabiduría, belleza y poder llenos de luz. Las cualidades celestiales pueden renovar, refrescar, inspirar, desconcertar y transformar a aquellos que luego, quizás, serán los encargados de traerlas a tierra. Las montañas también pueden representar meros obstáculos a vencer, o resistencia y dificultad para superar, a medida que las figuras de tus cuentos avanzan en el camino hacia una nueva meta.

En la búsqueda de la felicidad sublime, las alturas pueden volverse amigas o enemigas. Ellas pueden elevarte o demorarte. Sea como fuere que se presenten, siempre son desafíos. Guardianes de rocas y arroyos, habitantes de cuevas y criaturas de la montaña, todos te informan de su presencia a través de tu capacidad de escuchar y tu visión interior. Mientras, con tus compañeros de historias, te enfrentas a las desafiantes alturas.

Una noche, en uno de los talleres, una secretaria y una trabajadora social que acababan de conocerse, fueron turnándose para participar cada una en la historia de la otra. La trabajadora social creó un personaje que cantaba blues[1] en un profundo, triste y fangoso pantano. Me pidió que le pusiera mi títere de Mujer Sabia en una mano y el de Hombre Sabio en la otra, por si los necesitaba para contar su historia. Intuimos que algo maravilloso iba a suceder. Ella y su títere se cubrieron con telas azules y así evocó el ánimo depresivo que solía invadirla antes de tomarse vacaciones. Siempre había sentido que no debía hacerlo porque muchos necesitaban de sus servicios. Cuando niña ella había cumplido el papel de madre en una familia numerosa y gravemente disfuncional. La secretaria, que se había sentido acompañada mientras contaba su propia historia, superó su escepticismo y empezó a disfrutar la idea de cumplir con el papel de Príncipe que se le había pedido. Armó una hermosa y principesca cadena montañosa con sedas de brillantes colores. La Mujer y el Hombre Sabios llamaron al Sabio Pájaro Blanco y rápidamente la Mujer del Blues fue transportada por los aires hacia un valle de sedas en las montañas del Príncipe. Allí el Príncipe se puso inmediatamente al servicio de la Mujer del Blues. En el lenguaje de los cuentos, él logró encontrar muchas vívidas imágenes de cómo ella podría llegar a estar feliz y contenta.

Al final del cuento, la Mujer del Blues y el Príncipe cenaron y bailaron alegremente en un imaginario campo alpino de flores doradas. Luego, las dos mujeres se sintieron perplejas y renovadas. Ellas admitieron que llegaban cansadísimas a sus casas después del trabajo, y que casi nunca hacían algo agradable para sí mismas. A partir de la aventura de este cuento, ambas mujeres, fueron capaces de tomar decisiones que les ayudaran a cuidarse mejor durante su tiempo de ocio.

En otra ocasión, una pareja con algunas dificultades de comunicación decidió recurrir a la experiencia de narrar historias. Un día eligieron ciertos títeres inusuales para hacerlo. Crearon una gran montaña roja y violeta. En una ladera de esta imaginaria montaña, la mujer se instaló con su "brujita". Ella reclamó su territorio y gruñó que no deseaba que nadie la molestara. Un amigable títere masculino llegó silbando alrededor de la montaña y anunció que había comprado un terreno al lado del de ella, y que tenía derecho a vivir allí. Ella le dijo que no la molestara. Una y otra vez conversaron, entre las encantadoras explicaciones e invitaciones de él y la tenaz defensa de ella. Después de un tiempo, él la invitó a que fueran a escuchar a un narrador de historias que vivía del otro lado de la montaña. A pesar de que la "bruja" había dicho que nunca iba a ningún lado, con reticencia aceptó acompañarlo. La extraña y espontánea historia que surgió del "narrador de historias del otro lado de la montaña" ayudó drásticamente a que las cosas mejoraran entre ellos.

Un niño fascinado con las minas y la exploración estaba por cumplir nueve años. Sus padres, quienes estaban descubriendo la narración, decidieron armar la celebración del cumpleaños de su hijo como si fuera una aventura minera en la montaña. Formaron tres grupos y cada uno tenía un mapa de los alrededores de la casa donde los niños podían buscar tesoros de piedras. Durante la fiesta, eligieron a su hijo como rey y decoraron un trono para él. Al finalizar la expedición, él se sentó en su trono y recibió los tesoros. La noche anterior al cumpleaños, mientras la familia planeaba estas actividades, la madre le preguntó al niño qué les podría regalar a sus invitados además de la mica, el cuarzo, y las piedras doradas. "¿Puede un rey ver el tesoro interior de su pueblo?", ella le preguntó. Esto inspiró al niño de una manera especial y así escribió tesoros interiores para sus súbditos. Cuanto más escribía, más se inspiraba. "El no es generalmente el tipo de niño que muestra su ser interior", dijo la madre. "Pero cada vez que enunciaba uno de estos valiosos regalos para sus amigos, era como oro que salía de su boca". Escribió los tesoros en dorado sobre un papel de color violeta, los enrolló y los ató con una cinta dorada. "El amor que hay en ti durará para siempre". "Siempre tendrás buenos amigos". "Tendrás alegría en tu corazón". "El humor es tu guía en la vida". "Si eres paciente serás siempre premiado". "La voz de Dios será tu guía". "Servirás a la humanidad".

Los catorce valiosos y bondadosos mensajes fueron colocados en el canasto real del cumpleañero. Cada invitado eligió uno y lo leyó al grupo. "Por supuesto", dijo su madre, "¡cada uno era perfecto para el que lo había elegido!" Esta fiesta, maravillosamente organizada, hizo sentir confiados a todos. La madre y el padre como cocinera y como narrador formaban parte de La casa real. En esta imaginativa atmósfera creada, ellos inspiraron en cada niño un profundo respeto y eterna gratitud.

Crea una montaña imaginaria que realmente quisieras visitar. ¿Cuál es su color dominante? ¿Quién o qué habita en ese lugar? ¿Cómo se llega allí? ¿Qué tesoros hay allí escondidos? Incluye esta montaña en una historia. Al frente de la montaña, imagina que hay dos o tres gigantes o guardianes que deben ser burlados o comprendidos para que sea posible el pasaje a las alturas y a las profundidades de la montaña. Ve en busca de una piedra en la historia; podría ser un cuarzo rosa, turmalina o una turquesa; cualquiera sea su sustancia percibe las cualidades inherentes a la piedra. Hay muchos libros disponibles basados en la sabiduría esotérica y el folclore para estudiar las diferentes cualidades morales de toda clase de piedras. Desde tu imaginación crea una historia sobre las montañas de donde salió la piedra que hoy tienes en tus manos.

## Estanques, lagos y mares interiores

El agua puede estimular misteriosas armonías en tu capacidad de escuchar y también en el de tus compañeros de historias, dando la sensación de una corriente de maravilla y frescura. El sonido del agua, moviéndose suave o furiosa entre el musgo, el pasto, las piedras, o cayendo de pequeñas y grandes alturas, profundiza el escuchar. En la delicada atmósfera que rodea los cursos de agua, un pájaro puede comunicarle al caminante lo que éste necesita saber para poder avanzar. Quizás en una noche iluminada por la luna se puedan escuchar las voces de las hadas entremezcladas con el estruendo de las aguas y del viento. O en un clima hostil, un troll aterrador podría aparecer debajo de una roca o de un puente poniéndonos condiciones para dejarnos continuar.

Mientras un héroe o una heroína, juntos o por separado, se mueven buscándose a sí mismos, un manantial podría alimentarlos; o desde las ondulantes aguas de un lago, un pez hablador podría aparecer. Hansel y Gretel sólo pueden regresar con su padre, a salvo del infernal horno de la bruja, después de atravesar las refrescantes aguas de un misterioso lago sobre el lomo de un pato blanco. Si el viajero es arrastrado al Reino del Agua, podrá allí descubrir nuevas corrientes, para poder viajar hacia su interior y hacia adelante, o tal vez, a través de extraños encantamientos sea mantenido cautivo en las profundidades hasta ser liberado para continuar su camino. Los espíritus de las aguas, las sirenas o los tritones pueden aparecer de repente. Quizás, en el territorio del cuento, haya que cruzar un mar de aguas rojas, oscuras y tormentosas, lleno de monstruos formidables que ayudan o impiden el progreso. Finalmente, una corriente pura del líquido vital puede ser descubierta por el héroe o la heroína que ha salido en busca de las "Aguas de Vida".

Tus cuentos podrían incluir seres de agua de diferentes profundidades, dimensiones y formas. Al moldear tus personajes con el elemento "agua", ellos en consecuencia, se volverán intensos, fluidos, delicados y poderosos. Dentro del reino de la historia puedes sentir los diferentes estados de ánimo y las personalidades de estos espacios de agua; ellos reflejan tus propios fluidos internos que continuamente te bañan y renuevan. Tus palabras e imágenes fluirán con más seguridad y naturalidad. Las "aguas de la vida" y la música que de ellas brota en lo profundo de cada uno puede sanar todos las penas y los dolores.

En uno de sus cuentos, una mujer estructurada de mediana edad escribió lo siguiente sobre su heroína:

*Ella podía ver que el río emanaba de un manantial dorado. Entró al agua y nadó hacia la dorada luz. El río la llevó hacia un enor-*

*me espacio abierto que tenía un brillo dorado y deslumbrante.*
*Había árboles y pastos que ondulaban con elegancia. Muchas*
*personas se acercaban a saludarla.*

Imagina un hermoso ser de agua, permite que te hable.
¿Qué necesita decirte acerca de sí mismo? Elabora una
historia en la cual este ser de agua juega un papel importante.

Crea una aventura en la cual tu personaje, sin siquiera
notarlo, pasa tres veces por un arroyo, una fuente o un
espejo de agua mágicos. A la cuarta vez, el aventurero
ve y siente la realidad de este lugar y recibe de sus
aguas un regalo invalorable.

"Las aguas de la vida" se reciclan continuamente. El
que va a buscarlas en nombre de otro que está angustiado, a menudo debe pasar por pruebas y adversidades. Lleva a un héroe o heroína a la búsqueda de estas
aguas sagradas. Al encontrarlas, permite que lleve esas
aguas a alguien con el corazón partido o cuyos pensamientos ya no fluyen.

Deja que los personajes de la historia, que están en
profunda angustia física, emocional, mental o espiritual se encuentren con un espejo de agua o un lago
transparente, en el cual se puedan ver reflejados y éste
les devuelva una imagen completa y saludable de sí
mismos. Describe con detalle esta visón maravillosa.

## Oscuros Bosques

Los bosques forman parte del paisaje de muchos lugares de la tierra;
imágenes de estos paisajes viven dentro tuyo. Cuando en un cuento
entramos en la espesura o en un bosque oscuro, esto nos pone en contacto con la estructura, misteriosamente similar a lo vegetal, de nuestros huesos, nervios y canales circulatorios. Los nervios se ramifican
poderosamente en tu interior, reflejando tus sentimientos. Tu mente

está repleta de bosques. Cuando experimentamos, aún debilmente, los árboles de la "Vida y del Conocimiento" en nuestro interior, sabemos que estamos en los recorridos finales de nuestro camino de autoconocimiento.

El bosque, en las historias, es un lugar de prueba para nuestro autoconocimiento. Al penetrar con tus ojos, aún imperceptiblemente abiertos, en las profundidades de tus sensaciones o necesidades físicas, entonces podrás comprender más y más claramente el mundo interno de las imágenes de los cuentos de hadas. Al ir hacia adentro, todos deberán luchar contra el primitivo miedo a la oscuridad, miedo a perder el camino para siempre, a ser comido por extrañas criaturas, o a ser atrapado en lugares misteriosos.

Estar "perdido en el bosque" puede ser aterrador pero también una aventura liberadora. Podrías, al igual que Hansel y Gretel, tener que librarte con ingenio del horno, del hambre y de la codicia de la bruja del bosque. O podrías descubrir un Edén, un claro en lo profundo de tu historia. En la historia de La Bella y La Bestia, el príncipe hechizado podría vivir como una criatura del bosque encantado o como un monstruo desconsolado. Una gran alegría puede estar escondida en los tesoros allí enterrados, o puede emanar de la música angelical que aguarda ser escuchada por oídos humanos. Al llevar a tus personajes hacia las profundidades transformadoras del oscuro bosque, encontrarás la manera de vencer cualquier temor que se te presente. Reconoce las "boscosas profundidades" de tu fisonomía. A través de las imágenes de tu historia, las cálidas y luminosas necesidades y energías que circulan por tu cuerpo pueden ser representadas y liberadas así de sus oscuras ataduras.

Imagina un bosque oscuro y enmarañado sin sendas claras, o un bosque donde las sendas se oscurecen una y otra vez. Huele, gusta y escucha este bosque. ¿Es amenazante y siniestro? ¿Es ordenado y confuso al mismo tiempo? ¿Quién vive en su interior? ¿Una bestia, un hechicero, una doncella pura? Al llevar a tu personaje a través del bosque, ¿quién viene en su ayuda para que el viaje sea seguro? ¿Qué sucede en el claro del bosque?

Deja que las raíces, los troncos y las ramas crezcan sobre el papel con los colores que tú elijas. Mientras un grupo de árboles se entrelazan delante de tus ojos, advierte si el bosque está lleno o vacío, si es manso o salvaje, si es dulce o amargo. ¿Es un lugar de protección y seguridad o es un lugar de miedo y terror? Elije un nombre para este bosque. Luego cuenta una historia de una criatura o un personaje que habita en sus profundidades.

Aspectos de tu identidad pueden estar "perdidos en el bosque". A través de tu imaginación, puedes tener una aventura estimulante mientras vas en busca de un animal cuya naturaleza puede otorgarte poder; o de un ser primitivo u hombre o mujer iluminados que se comunican profundamente con la naturaleza y con Dios. Quizás encuentres un narrador perdido en tu bosque. Permite que la historia de esta búsqueda te revele tus propios poderes y habilidades perdidos.

## Pantanos, ciénagas, y barriales

La espontánea narración de historias, como soñar, puede ayudarte a ver y a resolver incómodos callejones sin salida de una manera maravillosa e inspiradora. La resistencia, la confusión, la perplejidad o la desesperación que a veces colman toda mente, podrán ser percibidas de una manera nueva a través de las imágenes de la historia. El joven y exuberante viajero de tu cuento puede lograr atravesar secos matorrales por donde nunca había pasado, o por donde muchos se habían perdido o habían decidido retornar. Los simbólicos terrenos pantanosos y fangales se diferencian de los bosques: el estancamiento, los hedores, las apariciones, las extrañas plantas enredadas y las formas animales prevalecen; susurros y estruendos pueden llenar el ambiente y podemos tener la sensación de que no hay tierra firme.

El exceso de comida, los malos hábitos y las ideas o el conocimiento que ya no nos son relevantes, muchas veces nos producen una sensación de hundimiento. En el territorio de los cuentos, al igual que en la vida real, abundan las oportunidades para sobreponerse a la pesadez y a la contaminación en nosotros mismos, en otros y en los paisajes conocidos y amados. La locura, la derrota, la ilusión, el engaño, y la asfixia mental y moral son sólo una parte del todo. Un viaje simbólico a través de un paisaje que parece alejarnos de nuestro camino y sumergirnos en la oscuridad, requiere resistencia, gracia y el poder de la auténtica imaginación. Un verdadero héroe o heroína continúa avanzando por este fango y estancamiento hasta llegar a un lugar seguro, quizás animado por una canción o guiado por el canto puro de un pájaro, o por un animal de fábula, o por algún otro ayudante imaginario. Todo esfuerzo que realices al imaginar una historia para trascender la confusión, la duda y las emociones negativas, te llevará a un terreno de percepción y comprensión más firme.

Una pareja de mediana edad que estaba explorando la narración de cuentos con títeres, vino acompañada de una querida amiga. El esposo se dispuso a enfrentar lo desconocido acompañado por su amiga y por dos títeres apropiados para representar personajes de carácter fuerte. Casi inmediatamente llegaron a una ciénaga empantanada. Sus títeres caminaron a tientas por una maraña hecha con telas oscuras. La amiga buscó otro títere y al colocarlo en su mano izquierda, éste se convirtió en el "Guardián de la ciénaga". Juntos aprendieron a reconocer los gustos de este guardián, y la manera de convencerlo para que con su energía los pudiera acercar a su meta.

> **Piensa en un hábito que te absorbe buena energía. Además de drogas de todo tipo, obsesiones y otras adicciones emocionales, pueden expresarse en las historias como un lugar de estancamiento obligado. Una vez que empieces a describir el hábito en imágenes, el proceso de narración te conectará profundamente con la realidad en sí misma.**
> **Elige un nombre para el pantano que forma parte de**

tu propia geografía. Encuentra un nombre para el guardián de este pantano y describe sus características usando tu sentido del gusto, el olfato y el tacto. Quizás no lo puedas ver debido a lo profundo y oscuro de su condición. ¿Es el guardián del pantano un monstruo o un ser humano reconocible? Haz que el héroe o heroína de tu historia, aún temerosa o desalentada, pueda encontrar la manera de esquivarlo o de conseguir su ayuda.

Describe un pájaro benévolo u otro ayudante imaginario que habita en un pantano y que está siempre allí para ayudar a quienquiera que caiga en sus profundidades.

## Torres oscuras

En los cuentos antiguos a menudo aparece la imagen de una estructura oscura, estrecha y solitaria, que tal vez tú también desees retratar en una historia propia.

Esta torre podría ser un lugar para desterrar o encantar a una doncella o a un joven que se está acercando a esa peligrosa edad de casarse. En la torre, esta persona debe vivir aislada sin el contacto de ningún ser amado, quizás con una bruja o un sirviente como guardián. La torre oscura es una imagen del cuerpo humano que ha sido aislado entre cuatro paredes del contacto con otros seres humanos. Sus ventanas son como ojos que pueden ver poco. Entrar en tal torre podría ser una experiencia profundamente penosa. Sin embargo, en esas estrechas circunstancias, se acumulan las fuerzas del crecimiento; y el que había sido encarcelado emerge como de un capullo con nueva vida y forma. Cuando él o ella salen lo hacen porque el amor ha encontrado el camino. Rapunzel deja caer sus cabellos brillosos para su bruja-guardiana y cuando llega momento justo también lo hace para que su verdadero amor trepe hasta su corazón.

En el antiguo relato inglés "Childe Roland" de Robert Browning, la torre oscura a la que Childe Roland llega está habitada por un hechicero. El rey de la torre de La Tierra de los Elfos no ve las luces del día al estar encandilado por las magníficas joyas, y por el oro y la plata acumulados. En este extraño territorio magnético, la familia de Roland debe esperar hasta que él posea la sabiduría, la disciplina y la firme voluntad para liberarlos. En tales relatos, sólo un aventurero de gran coraje, obediencia y dominio propio, podrá liberar del oscuro rey a su familia y a sí mismo.

Los niños de hoy luchan con las nuevas versiones del "rey elfo" cuyo poder es lo suficientemente grande como para alejarlos de sus queridos mayores y de la sabiduría del pasado. Hechiceros tenebrosos los pueden mantener en una extraña penumbra y en aislamiento hasta que la claridad brillante de los guías "Merlin" de nuestro tiempo, los instruya en los caminos del autodominio. Cuando te imaginas a ti mismo como una torre oscura, puedes buscar en tu interior al que posee la firme voluntad y determinación para liberarte. A través del uso de tu imaginación, también tienes el poder de ser ambos: captor y liberador.

Una niña de seis años sobrecargada con demasiada responsabilidad, estaba teniendo problemas en la escuela. En su cumpleaños, la maestra creó un hermoso relato para ayudarla a estar más feliz.

*Una princesa entra a una sólida torre con una escalera caracol. Ella sube hasta la cima y mira toda la tierra, y ve flores silvestres y niños jugando. Sin embargo, cuando quiere irse, se encuentra que la puerta de la torre oscura está cerrada. Ella se siente muy sola y confundida. Un pájaro maravilloso la encuentra llorando en la ventana. El pájaro le cuenta que todo saldrá bien si logra ayudar al guardián del Lago del Manantial transparente. Hace tiempo que este lago se ha estado secando. El guardián del lago le mandaría alas si ella estuviera dispuesta a ayudar.*

*Durante tres días la princesa vuela desde la torre oscura al lago, pone sus pies en el agua, canta y le cuenta cuentos a los duendes de las aguas, y a los animales que viven alrededor del lago. Al final del tercer día, una figura angelical emerge del lago y le canta*

*a la princesa:*
*Bebo tu tristeza*
*Bebo en tu orilla*
*Bebo a tus pies*
*Hasta que ya no te queden lágrimas.*

*Desde ese entonces hasta ahora, la princesa es libre para cantar y jugar al borde del agua. Las aguas ahora borbotean libremente dando consuelo y alegría. En el agua ella encuentra la llave de la torre.*

Una noche, alrededor de mi hogar, pedí a un grupo de adultos que creara un cuento sobre alguien que deseaba ser liberado de una torre oscura. Una maestra que tenía dones musicales especiales, elaboró una historia acerca de una princesa que se llamaba Aurelia:

*Una hermosa doncella fue puesta en una torre por su padre y su madre, para su propia protección, porque era desconsiderada y descuidada. En la torre, Aurelia se sintió extremadamente sola y triste. Una y otra vez trató de escaparse, pero la puerta estaba cerrada por fuera. Después de tres días de sufrimiento, comenzó a escuchar desde la ventana de la torre a los pájaros en el bosque. Al tiempo también podría escuchar palabras en el canto de las aves; ella les respondió cantando con todo su corazón.*
*Un día, un pájaro le trajo a su ventana un regalo que respondía a sus necesidades. La comida que le trajo el pájaro en un canasto era de un color rojo profundo. Otro día su alimento era verde, otro día violeta y dorado. De esta manera, y en diversas combinaciones de colores y formas, le fueron llevando la gama completa del arcoíris. La comida la consolaba y la nutría. Tres años pasaron. Al estar bella y sensiblemente alimentada la princesa cada vez se sentía más fuerte. Su gratitud creció enormemente. Desarrolló su capacidad de escuchar y cantar. En el espejo de la torre notó una vida nueva y una belleza que brillaba desde su interior. Una mañana ella trató de abrir la puerta de la torre, como lo había hecho tantas veces. Sólo que esta vez se abrió fácilmente y ella salió. Fue recibida con cariño y con una gran celebración.*

Dos años después me encontré con la maestra de música que había
contado el cuento de la Princesa Aurelia en la torre oscura. Ella recordaba la historia vívidamente.

"Yo me protegía vistiéndome de negro casi todos los días. Luego decidí conectarme con todos los colores del arcoíris y pude,
al mirarme al espejo, ver la fuerza que ellos me iban haciendo
ganar. Ya no estaba tratando de esconderme desesperadamente
en la torre, empecé a darme cuenta que yo era Aurelia. Inteligencia, compasión, belleza: ella las tenía profundamente asegu-
radas al salir de la torre. Y el reino en su totalidad estuvo
presente para celebrar y regocijarse. Todavía sigo a prueba, pero ahora poseo una certeza interior. No me afecta tanto lo que
otros piensen de mí. Actúo desde lo que siento, no para demos-
trar nada a nadie. Cuando Aurelia salió de la torre estaba plenamente presente. Todavía me gusta verme sencilla, pero me
siento más espléndida. Pienso en ella cuando me siento cons-
ternada. Aurelia realmente usa el color rojo, un rojo admirable.
Posee una presencia de reina. El oro rodea su cabeza y emana
de ella, esté o no usando una corona.

Gracias a la capacidad de escuchar de Aurelia, mi propio sentido de audición se ha abierto. Ella cambió la soledad desesperada y la impotencia que sentía dentro de la torre por una
comunión con los pájaros. Fue como oír y realmente recibir
una guía interior. Para sobrevivir tuvo que acogerla. Ella ganó
una fuerza, una dignidad y una claridad casi invencibles. Cuando estaba celebrando en la multitud pudo relajarse sin perder el
control sobre ella misma. Por mucho tiempo yo me había quedado estancada en la adolescencia, no tanto en mis pensamientos sino en mis sentimientos hacia mí misma. Esto perjudicaba
la manera en que me relacionaba con las personas. Me di cuenta de esto especialmente en la escuela, porque comencé a sentir
que era el momento para dejar de posponer el ejercicio de liderazgo. Soy una de las mayores en nuestro departamento de música. Era hora de que actuara como líder y asesora. Encontré la
narración de historias desafiante e inquietante, sin embargo, ha
sido de gran ayuda crear las imágenes de la historia de Aurelia.

Ahora ella es una presencia real en mi vida."

Experimenta tu cuerpo como si fuera una torre. Dibuja, pinta, o realiza una imagen en arcilla de tu cuerpo, como si éste fuera una torre hecha de piedra oscura o de otros materiales. Quizás haya joyas o grabados simbólicos sobre las paredes de esta torre imaginaria. Puede también estar hecha de materiales transparentes y llena de luz. Sitúa la torre en un paisaje. La podrías imaginar en el jardín de un hermoso castillo o sobre un acantilado junto al mar. Imagina tu torre por dentro y por fuera, y descríbesela a otra persona del grupo desde estas dos perspectivas.

Crea una historia acerca de alguien encerrado en una torre oscura que necesita ser liberado. Probablemente, sea mejor al principio enfocarte en ti mismo, para experimentar directamente los beneficios de un salto imaginario hacia la libertad.

# Puertas y portales

En muchos cuentos maravillosos, las puertas adquieren significados que van más allá de lo material. Ellas conducen a lugares importantes y a nuevos niveles de experiencias. Ya sea que en el cuento te encuentres a la entrada de un castillo, a la puerta de un pasadizo debajo de la tierra, o a la entrada de la casa de la bruja, tú puedes sentir esto como una entrada importante a tu interior. Todas las aperturas y cierres dentro tuyo están profundamente interconectados. En tu corazón puedes sentir muchas puertas que llevan hacia sentimientos profundos. En tu mente y tus sentidos, se encuentran puertas que se abren hacia extensos misterios. En tu garganta, las puertas llevan a todas las lenguas del pasado, presente o futuro, y a sonidos de criaturas de todo tipo, aún hasta el majestuoso canto de los vientos, los planetas y las estrellas lejanas. Podrías tomar conciencia de la corriente melódica de nuestras vidas humanas a medida que las entrelazamos sobre el planeta tierra.

En tus centros bajos están las puertas que conducen tanto a lugares
creativos como destructivos, que tienen el poder para construir tu ser
individual y para unirte con otros, y así crear nuevos seres. Una cámara prohibida, que ha sido sellada, podría abrirse para un inocente joven aventurero con sangre, violencia o muerte. Quizás un alma perdida
podría adentrarse en la habitación cerrada de la que sólo podrá ser rescatada por una consciencia superior a la suya. O se podría entrar a un
mundo alternativo que obedece leyes extrañas, que deben ser aprendi-
das, para poder regresar a un lugar terrenal y familiar.

Las puertas, en los cuentos, podrían imaginarse entreabiertas y entor-
nadas; cerradas con firmeza y con metales incrustados que agregan
poder o la transforman en una barrera infranqueable. La fuerza del
hierro nos ayuda a penetrar la materia y a transformarla. El cobre se
abre a los poderes de Venus, cálido, maleable y radiante. La plata nos
conecta con los ritmos de las mareas de la luna en la atmósfera. El oro
se abre a los generosos rayos del sol. Una puerta de vidrio podría representar el transparente espíritu de una manera material. Podría tener una voz que es activada por el entendimiento y el deseo humanos.
Las bisagras podrían hablar como le hablaron a Vasilisa[2] en la choza de
Baba Yaga cuando ella quiso escapar. Quizás las bisagras de tus historias estén oxidadas, sueltas o cubiertas con símbolos de los cambios o
las revelaciones que se necesitan para que la puerta se abra. Quizás se
haya grabado un hechizo en el lenguaje simbólico de la puerta, para
romperse sólo cuando se acerque alguien que puede entender sus
mensajes. En "La reina de las abejas" de los Hermanos Grimm, una pequeña ventana en una puerta encantada revela a un hombrecito gris,
que sostiene un libro en el cual muchos y poderosos secretos están grabados.

En tus historias eres libre de buscar las puertas que te permiten entrar
en tu interior. Tu también tienes "muchas mansiones" dentro tuyo. Las
puertas podrían advertirte, alentarte o confrontarte con una mirada
vacía. Al experimentar la excitación ante un umbral, de puertas abrién-
dose y cerrándose dentro y a tu alrededor, despiertas a las energías
simbólicas que podrían estar moviéndose a través tuyo.

En un grupo de narración de historias que quería trabajar con las imágenes de las puertas, uno de los participantes creó una serie extraordinaria de ellas:

> *La primera puerta con la que el niño se encontró en su camino hacia la cima del campanario era del tamaño de la de una casa normal. En la parte superior de la puerta, un poquito más arriba que la cabeza del niño, había un hermoso tallado de un ojo. Justo debajo del ojo había una aldaba redonda de hierro negro. El niño deslizó su mano sobre las curvas suaves del ojo y admiró su artesanía. Se preguntó qué habría detrás de la puerta.*
>
> *Detrás de la puerta había demasiada luz, y cuándo la abrió, lo enceguecíó. En la mitad de la próxima puerta de su viaje ascendente, justo sobre su cabeza, sintió una suavidad delicada que sobresalía del rústico fondo de la madera. Al palparla se encontró con la forma de una oreja, redonda y curva, con espirales en su centro. Justo debajo de la oreja, el niño sintió una pesada aldaba de hierro. Se preguntó qué habría detrás de la puerta. Detrás de esa puerta había tal cacofonía de voces que él quedó sordo.*

La historia continuaba:

> *…después de lo que pareció un largo tiempo, su mano derecha se deslizó sobre algo rústico y de madera. Se detuvo y dejó que sus dedos exploraran lo que parecía ser una puerta. Podía sentir el frío de las bisagras de hierro y de la pesada aldaba. Justo sobre la altura de su cabeza, su mano se deslizó sobre algo suave, redondeado y sobresaliente. Las puntitas de sus dedos descubrieron la forma de una boca con los labios cerrados. Por costumbre se preguntó qué habría detrás de la puerta. Salió de aquella sala incapaz de articular palabra.*

Al continuar el relato, el niño por fin llegó a la última puerta sobre la cual había tallada una campana. Detrás de esa puerta lo esperaba toda la sabia bondad y sanación que él necesitaba para recuperar totalmente sus sentidos.

La resistencia es un umbral. Piensa con claridad una
forma en que desearas y necesitaras crecer. Ahora experimenta tu resistencia habitual de dejar ir y de avanzar hacia nuevas experiencias y costumbres. Imagina
la resistencia como una puerta. Visualiza la puerta y su
marco tan vivamente como puedas ¿De qué están hechos? ¿Está trabada la puerta? ¿Está cerrada con llave?
Luego crea una historia acerca de alguien que es capaz
de abrir la puerta y cruzar el umbral. ¿Qué hay detrás
de la puerta?

Imagina un portal en detalle. Quizás desees dibujarlo.
Describe al guardián de este portal y cuenta una historia sobre él. ¿Tiene él o ella niños que le ayudan o le di-
ficultan su tarea? ¿Hacia dónde nos lleva este portal?
Tal vez desees imaginar quién construyó el portal y
porqué este está allí. ¿De qué manera puede tu portal
imaginario actuar como ayuda u obstáculo para aquello o aquel que vive del otro lado?

## Llaves

Tú has hallado muchas llaves que te han permitido avanzar en los momentos difíciles. En los cuentos, tal como en la vida, puedes llevar una
llave por un largo tiempo hasta encontrarle un uso correcto. No importa cuán bella sea, si está adornada con joyas, o recubierta con tra-
zos exquisitos, sea esta humilde o deslucida: ¡tú tienes la llave! Quizás
ha sido descuidada o dejada de lado en algún momento del cuento o
en la historia de nuestras vidas; pacientemente movida de un bolsillo a
otro mientras seguíamos nuestro camino. Quizás ha sido perdida en el
fondo de un misterioso lago o pozo para nunca ser encontrada, a menos que recibamos una ayuda especial. Cuando la llave es colocada en
la cerradura correcta, entonces estamos listos para pasar a un nuevo
espacio, a un nuevo nivel o experiencia.

Los hermanos Grimm incluyeron el cuento corto titulado "La llave de
oro" al final de su compilación de cuentos e historias. Allí un joven de-

be salir a buscar leña en medio de una espesa nieve invernal. Mientras intenta encender el fuego encuentra una llave de oro. Debajo de la nieve halla un cofre de hierro donde la llave encaja. Coloca la llave en la cerradura y comienza a girarla. El cuento finaliza: "y ahora hemos de esperar a que la haya abierto del todo y levantado la tapa. Entonces sabremos qué maravillas contenía la cajita"[3]. En lugares congelados de nuestra imaginación siempre hay tesoros por descubrir.

En otro tipo de historias aparecen llaves que no deben ser usadas so pena de muerte o gran sufrimiento. En "La hija de la Virgen María" de los Hermanos Grimm, a una niña de catorce años se le prohíbe utilizar la llave de la "decimotercera puerta", pero estaba tan atormentada por sus deseos de conocer lo que estaba oculto detrás de ella, que desobedece a su guardián celestial. En "El pájaro del brujo", también de los Hermanos Grimm, como también en todas las historias de Barba Azul, de Charles Perrault, el brujo-prometido le prohíbe a su ansiosa novia que entre a una de las habitaciones de la casa, pero la curiosidad abrazadora la invade. Detrás de la puerta prohibida, ella encuentra violencia y muerte. Los aventureros de los cuentos, que descubren verdades espirituales detrás de la profundidad de los mismos, deben sufrir las consecuencias, hasta que sus hermanas y hermanos más sabios y más inteligentes los salvan, o hasta que ellos estén preparados para asumir su propia desobediencia de la cual pueden aprender y crecer.

Mientras buscas aquello que está encerrado en tu interior, llaves podrían ser encontradas. Las llaves en el universo de tus cuentos pueden ser sagradas. Usarlas con cuidado y valentía puede abrirte a una inmensa y sorprendente verdad, belleza y bondad.

> **Imagina con detalle la llave que encaja en la cerradura que abre una habitación especial. Por ejemplo, podría encajar en la cerradura de un hermoso cuarto donde siempre encuentres el descanso y alimento necesarios. O podría llevar a una capilla a la que podrías ir en busca de guía espiritual. Al saber qué es lo que tu llave abre, podrías guardarla en el bolsillo de uno de tus personajes, para luego usarla en otro cuento.**

Puede ser una experiencia poderosa narrar la historia
de un noble viajero, que ha ido en busca de la llave de
un lugar importante, que ha estado cerrado por un largo tiempo. Él o ella tendrán que vencer obstáculos en
su camino; recibirán ayuda para resolver encrucijadas
y encontrar el camino correcto.

Durante el transcurso de tu historia, puedes descubrir
dónde y porqué la llave se había perdido.

## Chozas, refugios y guaridas

En las imágenes del lenguaje de las historias, los cuerpos pueden ser
vivenciados como magníficos y espléndidos, llenos de recámaras lujo-
samente amuebladas y rodeados de jardines de placer y deleite. En
otros momentos, habitamos un templo de un elevado valor espiritual.
Quizás lo más común sea que nuestros cuerpos parezcan ser relativamente robustos y prácticos. Sin embargo, debilitados por el hambre u
otras privaciones, un cuerpo podría convertirse en una choza destar-
talada. Cualquiera de los aventureros de tus historias que se encuentre
frente a tal ruina, podría descubrir a alguien muy interesante dentro de
ella. Lo que se revela en este tipo de vivienda, generalmente surge de
un estado de ánimo de sufrimiento y rendición. La vitalidad podría
parecer allí degradada, sin embargo, entre las paredes viven aspectos
de ti mismo que, aunque tal vez humillados y solos, si realmente se los
enfrenta podrían permitirte una importante intuición y entendimiento.

Podrías encontrar un santo, un mago, bueno o malo, brujas disfraza-
das viviendo en la choza de la depresión o de la derrota de tus cuentos.
Allí podría habitar alguien cansado y viejo, de increíble sabiduría y
bondad. O un príncipe y una princesa encantados y con atroces disfraces pueden estar allí, incapaces de salir hasta que el amor y la confianza les sean dados; o se les asignen tareas que sea necesario cumplir. O
un guía angelical podría estar viviendo allí silenciosamente, con el poder de salvar y proteger a tus personajes de lo peor que pudiera caerles
encima, si ellos continuaran su camino sin su guía. Un tremendo sen-

tido del deber podría embargar a todo aquél que llame a esa puerta: la sensación de que nuestra tarea y nuestro verdadero destino serán develados por el maestro que allí mora. La oscuridad también podría habitar allí, como en Hansel y Gretel, y necesitar ser superada con ingenio y cuidadosa espera y obediencia, hasta que llegue el momento correcto para la liberación. Tú puedes mirar con coraje al morador de cualquiera de las chozas en ruinas o erosionadas por el tiempo del mundo de tus historias, y permitirte escuchar profundamente sus mensajes.

Una mujer robusta, de alrededor de cincuenta años, comenzó su cuento siendo una joven con una chaqueta de color cereza, con zapatillas y medias de lana verdes.

*Después de un tiempo Miriam ya ni podía pensar de dónde había venido ni, para el caso, hacia dónde estaba yendo. Ella estaba dentro de un denso pero alegre bosque mientras oscurecía. Después de un tiempo, vio una pequeña cabaña escondida entre los árboles. "¿Habrá alguien allí?", se preguntó. Si así fuera, tal vez no sería bien recibida.*
*Se acercó a la puerta con cuidado; estaba entornada. Trató de mirar pero estaba oscuro y no escuchaba nada. Abrió la puerta lo suficiente para poder asomarse. Había una silla, una mesa y una cama. Había una ventana y un hogar. También vió una escoba parada junto a la puerta. Tomó aire y abrió la puerta lo suficiente para poder entrar. No había nadie. Afuera el viento se había suavizado, aparentemente no habría una tormenta después de todo. Quizás tendría que salir y retroceder sobre sus pasos hacia el camino principal. Miró a su alrededor. Había alacenas sobre la pared. No podía abrirlas, pero sentía mucha curiosidad de saber lo que guardaban, y ya que allí no había nadie...*

La autora de este cuento claramente estaba en un territorio desconocido y no estaba segura si quería continuar con esta modalidad de descubrimiento.
*...Sin embargo, fue a abrir las alacenas. Aún cuando la cabaña era simple, contenía muchos y hermosísimos tesoros especiales, incluyendo un lujoso libro rojo con letras doradas. Justo había*

*puesto este libro maravilloso sobre la mesa y comenzado a leerlo*
*cuando se dio cuenta que había alguien parado junto a la puer-*
*ta. Se sintió avergonzada y un poco asustada, y dijo: "Temí que*
*hubiera una tormenta. Me dejé llevar por la belleza de estos obje-*
*tos".*
*La persona no respondió; solo entró y cerró la puerta. Al abrir su*
*capa, dejó ver que estaba vestida de un blanco brillante con una*
*diadema de oro entrelazada, con flores sobre sus cabellos cobri-*
*zos. Ella sonrió e inmediatamente Miriam se sintió a salvo, ya no*
*temía, se reconoció feliz. La mujer se acercó y le puso sus manos*
*a ambos lados de su cabeza. Sintió corrientes de energía que*
*fluían por su cuerpo. La mujer hizo un gesto para que tomara*
*asiento y para seguir leyendo el libro que había elegido. Las pala-*
*bras parecían ser una parábola, un relato acerca de la vida, su vi-*
*da; Miriam no estaba segura de comprender la historia.*
*Probablemente tendría que leerla muchas veces.*
*Miró a la mujer mientras ésta la conducía fuera de la cabaña.*
*Ahora todo se veía diferente. Había una pradera verde con flores*
*silvestres, y cuando miró la cabaña, ésta también había cambia-*
*do. Era más grande, más abierta y con muchas ventanas y am-*
*plias arcadas. A lo lejos vio una construcción que parecía un*
*templo, y comenzó a caminar hacia él. La mujer la acompañó. A*
*medida que se acercaban notó que había otras mujeres vestidas*
*con coloridas sedas, satén y terciopelo, con aros y pulseras como*
*las de ella. Todas se reunieron para observarla mientras se acer-*
*caba. Al llegar al templo, festejaron y formaron un círculo a su al-*
*rededor. Supo que había llegado a casa.*

En un comienzo esta talentosa autora rechazó este cuento por completo. El libro de su vida había sido revelado junto con una imagen femenina de su ser superior. Pensaba que su historia no era "nueva", ni tenía
"nada especial". Sin embargo, la verdad era que sólo había escrito tres
relatos desde que tenía diez años. El primero había sido varios años antes, bajo circunstancias poco comunes y como nadie lo había elogiado
ella lo había descartado. El segundo, había sido un mes antes de la clase de narración de historias. Ella luchó para reconocer que en realidad
la parte enjuiciadora de su mente no estaba escuchando el cuento por-

que estaba ocupada en destruirlo, para protegerse del dolor que le producíría sufrir otro rechazo.

> Cualquiera sea la "arquitectura" presente en tus cuentos, permite que te represente, y así tu lenguaje tomará vida y energía. Lleva un personaje a una choza en un bosque y relata lo que allí sucede. Cuenta la historia de un hermoso palacio que es convertido en una choza a causa de un extraño hechizo. ¿Quién aparece para romper el hechizo y componer las cosas?

## Palacios y castillos

Un palacio imaginario despierta la expansiva grandeza del sentido de la vida. Dentro de sus muros se pueden expresar, a través del lenguaje de la imagen, una amplia gama de roles y valores. Al acostumbrarte a las elegantes alturas y a la arquitectura de un palacio clásico y a sus jardines, te sientes poderoso, lleno de asuntos importantes, capaz de incluir a la familia y a los amigos como huéspedes reales dentro de la belleza y majestuosidad de este reino. La cocina, siempre ubicada en la parte baja, puede ser imaginada como un lugar donde se trabaja duro, donde las fregonas y los jóvenes ayudantes de cocina están al servicio de los apetitos de la realeza. Un príncipe o princesa que entra al palacio de su verdadero amor por este nivel inferior, y que trabaja allí con diligencia, llega a conocer los niveles más bajos de la necesidad y de la energía humana. Allerleirauh[4] se queda en la cocina envuelta en su disfraz de pieles y hollín, sintiéndose segura entre las cenizas, el fuego y las ollas, hasta que encuentra el coraje y las fuerzas para subir al salón de baile lleno de luces, de su verdadero amor. Gareth, de las leyendas arturianas, comienza su búsqueda del Santo Grial por las entrañas de las cocinas del rey.

Las profundidades del palacio son oscuras, penosas y lujuriosas; los jardines florecen en orden y belleza; las recámaras superiores son lu-

minosas, con danzas celestiales y con órdenes provenientes de tronos
de majestuosidad y poder. A través del cuento se irá descubriendo si en
éstas recámaras superiores reinan la sabiduría o los antojos tiránicos.
Allerleirauh huyó tratando de salvar su vida de los deseos imperiosos
de su padre, en busca de un reino de su agrado. Muchos cuentos antiguos muestran a estas recámaras altas profundamente embebidas de
sabiduría celestial. Cuando un alma joven y luchadora alcanza este reino, sus ropas adquieren brillo propio, con las cualidades del sol, la luna y las estrellas. Cuando Allerleirauh alcanza este nivel de coraje y de
conocimiento de sí misma, se libera de las pieles para danzar con sublime belleza, con su amado príncipe. A encontrarte con tu propia e
interna "mesa redonda" o "salón de baile", allí la pesadez de las condiciones terrestres es dejada atrás por un tiempo, en la estructura Real
(de realeza) de tu vida anímica. Puedes imaginarte elevándote de las
neblinas de oscuras mazmorras y de burbujeantes cocinas de las funciones corporales, hacia una sensación de espacios abiertos, gozo celestial y sublime sensación de unidad.

Una pintora se sentó a escribir un cuento de hadas con motivo del
cumpleaños número setenta y cinco de su madre. La celebración iba a
comenzar en el término de dos horas. Hacía días que ella se preguntaba si podría hacerle un regalo de su propia imaginación. El comienzo
fue lo más difícil, pero mientras escribía, el cuento parecía surgir casi
sin esfuerzo. Su historia era sobre una noble princesa que había vuelto
al castillo donde había nacido, para vencer a la bruja que lo había usur-
pado. A pesar de las dudas habituales de la artista, la euforia de la creación del cuento fue tan grande que lo leyó en la fiesta, frente a varios
miembros de su familia. "¿Quisiste decir que yo no soy una reina?", ob-
jetó la madre. "No. Tu madre y tu padre eran el rey y la reina", contestó la hija. Este fue un momento muy especial para las dos. Algo se
derritió en el corazón de la anciana madre y pudo escuchar el cuento
de su hija como si fuera una niña. Ella pudo amarlo como lo haría una
niña.

La artista realizó una pintura del castillo ya liberado del oscuro hechizo. La hermosa princesa estaba radiante parada frente a él. Ella dijo
acerca de su cuento:

"Por fin pude regalarle algo a mi madre que ayudará a que esa parte de ella, que yo había estado llevando sobre mis hombros, creciera. A través de los años ella había ganado cada vez más y más pesadez. Mi madre no había recibido cierto tipo de nutrición durante su niñez, entonces ella tampoco fue capaz de dármela. Sus padres habían fallecido cuando ella era joven. Hacía mucho tiempo que esto me daba vueltas en la cabeza. Ahora había encontrado una forma de verla de una manera nueva y buena, totalmente capaz de sobreponerse a las oscuras sombras de su niñez. El castillo de la historia era como su cabeza. Ahora podía darme cuenta cómo había sido llenado con oscuridad y cómo esta oscuridad podía salir y literalmente transformarse en algo hermoso."

En su cuento, la bruja se convirtió en un puente de piedra, en el jardín del castillo. El puente se arqueaba sobre los peces dorados que con gracia nadaban en las aguas del castillo. La noble princesa podía caminar sobre él con sus amigos. Una tarea se había cumplido; en un lugar muy profundo se produjo una transformación. La artista se había convertido en la sabia madre del cuento para la niña en peligro que había dentro de su propia madre, y había encontrado imágenes amorosas para ayudarlas a ambas a lidiar con el dolor.

"Mis ideas fueron comprensivas hacia esa niña interior. El cuento ha puesto a la bruja en su lugar. Ahora tengo un sentido mucho más completo de nuestra relación. Es maravilloso poder llegar a mi madre de esta manera, y ahora creo que ella se da cuenta de lo mucho que yo la amaba cuando era niña."

Un hombre que asistió a una clase de teatro de títeres, principalmente para complacer a su pareja, comenzó uno de sus cuentos en el marco de un palacio. Se sentó en este palacio imaginario con su títere principal: un príncipe barbudo y algo miope que estaba siempre leyendo un libro grande. La consigna era que el protagonista tuviera que superar tres obstáculos para llegar a salvo.
Luego de un tiempo de una actuación reticente con su protagonista intelectual, él y su títere misteriosamente comenzaron a temblar. Se pro-

dujeron acontecimientos sorprendentes. Él nos dijo, para su propia sorpresa, que en el palacio estaba aconteciendo una revolución.

Por un tiempo el príncipe trató de encontrar en su gran libro la manera de sofocar la revuelta, Pero pronto se dio cuenta que no había ningún consejo adecuado para él escrito en ningún lado, y que tendría que huir para salvar su vida. Corrió a través de muchas de las habitaciones de su palacio. Finalmente, encontró una manera de salir por una pequeña puerta trasera. Ya en el exterior, su primer encuentro fue con un viejo sabio que vivía en la cima de una montaña. Cuando por fin logró que este sabio hablara, él pronunció tres palabras: "Busca tu felicidad". Al oír estas palabras, al príncipe consternado, se derrumbó bajo un árbol. Durante mucho tiempo movió tristemente su cabeza quejándose acerca del extraño consejo del sabio de la montaña. Era imposible para una persona deprimida poder comprender esas palabras. Después de un tiempo, sin embargo, como el cuento le obligaba a continuar, dijo que una fruta había caído sobre su cabeza despertándolo de una manera extraña. Luego fueron surgiendo nuevos obstáculos: se enfrentó con un tigre, eludió una avalancha; hasta que finalmente, con sus nuevos poderes, regresó a su palacio donde se sentía seguro. Nos dijo que ahora podía mirar en su interior y leer allí lo que necesitaba saber sobre sí mismo.

Luego dijo en tono burlón: "En realidad la historia no dejó huella en mí." Su compañera, una paciente y amable mujer, explicó que durante años se había negado a hacer cualquier tipo de meditación, aunque secretamente ella sabía cuánto deseaba hacerlo. Durante su tiempo libre, prefería ver televisión, preocuparse por su agenda de trabajo y comer en exceso. Luego de ser testigo de este cuento, ella descubrió más sobre la secreta vida interior de su compañero. Se dio cuenta, de manera conmovedora, de que todos los componentes de la historia eran partes reales y auténticas de él.

En otra sesión, este hombre centró su cuento en un castillito de hielo donde habitaba un pequeño hombre de color azul. Después, cuando hablamos de estas y otras historias, dijo:

"Me da miedo y vergüenza escucharme a mí mismo emerger de las imágenes del cuento... Los títeres tienen el poder de metaforizar mi situación. Yo sabía que el rey azul en el castillo de hielo representaba mi situación, y me hacía vulnerable. Me sentía desnudo, expuesto. Por un momento, fui más visible para mí mismo. Me di cuenta que nadie puede realmente estar conmigo ni acercase a mí."

Se refugió detrás de su defensa habitual, a pesar de que era sólo una pequeña parte de su verdadero *modus vivendi*.
Su amiga le pidió dulcemente poder escuchar su cuento una vez más. Le dijo que se sentía muy atraída hacia él y a la energía que le transmitía cuando contaba cuentos y se expresaba en ese nivel. Él seguía insistiendo que recordar su cuento de vez en cuando, le dificultaría encajar con su vida habitual: "Con tal de estar cómodo frente al televisor, no engordar y que siga entrando el dinero, realmente no estoy interesado". Juntos miraron sus insensibles defensas hasta que, al menos por un instante, el castillo de hielo se derritió y estallaron juntos en una estruendosa avalancha de risa cómplice.

## Senderos, laberintos y caminos desconocidos

La sensación de estar "perdido" en uno mismo, sin dirección ni guía apropiada, es común a todos los seres humanos, especialmente cuando nos adentramos en territorios desconocidos. Cada vez que uno avance, ya sea por tierra o por mar, se debe encontrar un camino a seguir, o quizás despejar a través de la maleza o el bosque. El progreso demanda un sentido de propósito, un destino, un llamado; sin embargo, a menudo en el cuento al igual que en la vida, al principio sólo una pequeña orientación, o ninguna en absoluto, parecen estar disponibles. Todas las señales pueden estar cubiertas de musgo o a merced del viento o la lluvia. Podríamos tener la sensación de que debemos esconder nuestra angustia o incertidumbre, de nosotros mismos y de otros. En los cuentos, un viajero puede cantar o hablar libremente acerca de sus penas, y en medio del llanto y del canto, el sentimiento de desespe-

ranza podría ser reemplazado repentinamente por una gran determinación. Luego, la manera correcta de continuar podría hallarse ya a
nuestros pies; una señal podría aparecer o un compañero amigable podría hacernos señas desde el camino principal. A medida que expresa-
mos desconcierto o tristeza al ver un camino frustrado, podemos
escuchar profundamente las voces que le dicen al personaje de nuestro
cuento qué camino seguir o cómo sentarse y esperar con paciencia
orientación y fuerza.

Relaté una historia africana a un grupo de narradores de cuentos, en la
que una doncella se había perdido en la densa jungla y había caído en
poder de una bruja. Ella había emprendido el camino hacia la aldea
para casarse con un gran cacique. Aún cuando la bruja la tenía cautiva,
ella cantaba su verdadera historia mientras trillaba los sembrados. El
cacique oyó su canto y cuando se dio cuenta de lo que a ella le había sucedido, usó su magia más poderosa para destruir a la bruja y liberar a
su amada de este poder oscuro. A continuación la boda tuvo lugar con
grandes festejos.

Pedí al grupo que creara su propia versión de esta historia. Una joven
madre irrumpió en la siguiente clase, exultante de satisfacción. Finalmente había logrado crear un cuento propio. Dijo que temía que nunca iba a poder contar nada que no fuese un cuento sacado de un libro,
a pesar de que su hijo necesitaba que ella fuera una narradora  más
imaginativa. Su cuento era sobre una joven ruiseñor hembra, cuya madre la animaba para que fuese a un prado lejano donde un Gran Ruiseñor la estaba esperando.

> En este vuelo inaugural, ella tenía que cruzar una gran espesura
> donde el hermoso canto de los pájaros había sido olvidado. Este
> territorio era custodiado por un feroz halcón.
> "Oh, madre, ¿estoy lista para semejante viaje? ¡Recién estoy des-
> plegando mis alas y poniendo delicadeza en mis melodías!
> "Sólo tienes que entrar en la ráfaga del Gran Viento, recordando
> mantener en tu corazón la ligereza de tu canto, y confiar en que
> éste te alzará sobre la copa de los árboles".
> Aquella tarde los animales de la pequeña pradera se reunieron

*bajo la luna para contar sus relatos del pasado y para desearle
buen viaje a la joven ruiseñor. Ella se sorprendió de cuán lejos
podía volar y de la gracia de sus movimientos. Pronto el color y el
perfume de la pradera fueron reemplazados por una profunda y
verde oscuridad, y por la pesada fragancia a madera de la espesura. No había pasado mucho tiempo cuando sintió una turbu-
lencia, justo sobre ella. Pero estaba tan cautivada por el placer de
volar que sus pensamientos volvieron a concentrarse en su viaje.
Entonces el viento osciló de nuevo y su vuelo comenzó a fallar.
Tuvo una sorpresiva caída, pero recordando las palabras de su
madre, puso su confianza en el viento y en la ligereza del canto en
su corazón.*

*La luz entre los árboles fue desapareciendo y mientras la sombra
de una figura se cernía sobre ella amenazante, podía sentir cómo
iba cayendo pesadamente hacia el bosque. "¿Pensaste que ibas
llegar a la pradera, donde yo reino, a reunirte con el Gran Ruiseñor para traer allí la felicidad? ¡Jamás! Yo iré en tu lugar porque
he aprendido tu canto. Tu Gran Ruiseñor quedará deslumbrado
por la dulzura de mi voz y me invitará a su nido. Y luego, lo des-
truiré y devolveré la pradera a la desolación que tan bien me ha
servido".*

*Había caído la tarde cuando el halcón llegó a los confines del bos-
que. Esta era la hora del día cuando él se sentía en su mejor momento. Sus garras se aferraron a una rama y con una confianza
colosal imitó el canto de la joven ruiseñor.*

*El Gran Ruiseñor se despertó y se acomodó sobre una rama para
saludar a su amor. "Bella ruiseñor, por fin has llegado. Mi corazón se ha llenado con tu canto. Mañana, cuando el sol y la luna
se encuentren en el cielo, ¿vendrías a reunirte conmigo a mi nido?
Duerme bien, mi dulce amor. Estaremos juntos de nuevo cuando
el sol se levante". Mientras tanto, el halcón, muy orgulloso del éxito de su engaño, fingió dormir.*

Al continuar el cuento, el Gran Ruiseñor escuchó el canto de su verdadero amor. Al ir tras la canción se sintió atraído como si un imán tira-
ra de su corazón.

Cuando se dio cuenta del engaño, el Gran Ruiseñor se reunió con el halcón tres veces en su propio terreno. A pesar de que el halcón se alzó en poderoso vuelo, se enfrentó con la más dulce y más gentil de todas las canciones del Gran Ruiseñor; entonces el más majestuoso de los vientos se volvió contra él, hundiéndolo en una vida de decadencia y barro.

Cuando al final del cuento la joven ruiseñor y el Gran Ruiseñor se unen, la mujer había encontrado sus propios y maravillosos poderes imaginativos intactos. Ella había conquistado un lugar sombrío en sí misma. "Juntos", ella escribió, "devolvieron el canto a la pradera, para ellos y para todas las futuras generaciones. Amén."

> Presenta una de tus metas personales importantes como si fuera un lugar escondido, y alguien que encuentre un mapa perdido hace mucho tiempo que le permite llegar.
>
> En un cuento, coloca una pequeña señal o una abertura que guíe a un lugar que brinda gran seguridad, calidez y comprensión.
>
> En un pequeño grupo de narración describe un personaje que está perdido y deja que otro, u otros, provean las señales que lo ayudarán a encontrar el camino.
>
> Entra a un laberinto, al igual que Teseo, a derrotar al monstruo que habita en su centro. Permite que el hilo dorado te guíe para salir a salvo.

## Alta mar

Al partir hacia alta mar existe en la vida real y en los cuentos la sensación de un salado nacimiento. Cuando nuestra sangre es despertada podría parecer que somos mantenidos a flote sobre rítmicas olas que nos conducen en direcciones nuevas. Mientras crecíamos en el vientre materno, nos hallábamos cobijados en un puerto seguro; hasta que una fuerte corriente nos empujó fuera, hacia la aventura. Si te visualizas como un barco, con un mástil como columna vertebral, anclado o

en calma, y de pronto eres levantado por las circunstancias y empujado a avanzar, entonces las "velas" son la fuerza que te guía a medida
que encuentras tu dirección interior y sigues adelante. La "quilla" actúa
como tu sentido del equilibrio. El "timón" es una imagen de tu voluntad de encontrar el camino correcto a seguir, o de volver a casa bajo la
sagrada cúpula de los cielos.

La alarma y la angustia de las tormentas en el mar, o por el contrario,
las aguas estancadas, expresan diferentes estados de energía, sentimientos de entropía y de apatía. Una fuerte tormenta podría hacer
naufragar tu pequeño barco y en el proceso librarte de un cargamento
innecesario, u otros pesos. Descargar un exceso de equipaje del corazón y de la mente, aunque sea por un corto tiempo, crea una sensación
de libertad y frescura, de nuevas y amplias posibilidades. Entonces,
quizás aparezca frente al náufrago una isla de gran belleza, una costa
donde le están reservadas nuevas e importantes aventuras. Un barco
en calma puede ser una señal de que nueva fuerza está proviniendo de
alguna fuente oculta. A la deriva, sin rumbo, sin moverse ni hacia atrás
ni hacia adelante con un objetivo claro, el barco entero se encuentra
cautivo por una energía negativa y por la duda; de repente un cambio
puede ocurrir. Quizás sea sacado y empujado hacia adelante sobre la
espalda de una ballena piadosa. O delfines deseosos de ofrecer consejo o ayuda puedan cantar junto a la borda.

En los cuentos, los veleros se pueden transformar en pez, como el que
se tragó a Jonás en una tormenta, depositándolo en el lugar exacto
donde necesitaba ir, con más rapidez y decisión que la del bote en el
que originalmente comenzó su viaje. O en un cuento, el medio de
transporte de repente podría ser una gran grulla, un dragón o dragona
alada que los eleva sobre las aguas. Un grifo, águila y león a la vez, podría prestar su fuerza feroz para el viaje. Podría aparecer un barco para ofrecer ayuda, o tal vez un santo, caminando por el agua. Sea lo que
fuere que el mar envíe será una revelación en el transcurso de la historia. Santos y ángeles, diosas y dioses, se han levantado de las profundidades durante los viajes míticos de tiempos antiguos, salvando así a
valiosos viajeros. Ya sea que el rescate llegue de la mano de un gran ser
o un pequeño pez salpicando nuevos rumbos, hay vigor en tales historias y momentos donde se sale a flote en los grandes mares salados de

la vida. A medida que abras tu ser a la conexión que existe entre los fluidos que circulan en tu interior y los mares y océanos de la tierra, tu imaginación te mostrará la verdad que fluye entre tú y ellos.

Una tarde le pedí a un grupo de narración de cuentos que llevara a su protagonista en un viaje a través del agua. Una exigida mujer, que estaba escribiendo a la luz de una vela, y que no había escrito un cuento desde su infancia, fue abrumada por el fuerte y poderoso sentido de movimiento que experimentó mientras escribía.

> *Ella se sumergió en el agua -en realidad dentro de un gran obje-*
> *to resbaloso que luego se movió pues estaba vivo-. Ella estaba ate-*
> *rrorizada. La criatura se irguió volcando el bote y entonces ella*
> *cayó al agua. Era un pez enorme con ojos rojos, que la miraba.*
> *Giró, se sumergió y volvió a salir a la superficie. Ella se subió a la*
> *barca, el pez nadó delante de ella y el bote se movió en su estela.*

En el cuento de esta mujer, el poderoso pez la depositó en una amplia y misteriosa playa virgen, entregándole un mapa. Cuando ella le leyó al grupo su cuento, los ojos le brillaban maravillosamente.

Una columnista de un diario estaba empezando una nueva etapa de su vida, justo cuando su hijo menor iba a comenzar la universidad. Se sentía sola y ansiosa, sin embargo, había soñado que iba caminando junto a buenos amigos, por un acantilado con amplia vista al mar. Una mañana, poco tiempo después de ese sueño, mientras los de un grupo pequeño en quienes ella había llegado a confiar estaban también escribiendo historias, ella se adentró en el mundo de las imágenes.
Esa mañana el tema giraba en torno a cómo seguir hacia adelante, enfrentando gran oposición, para recibir un don.

> *¡Allá voy! Al meterme al mar siento que las aguas puras sosiegan*
> *mis cansados hombros y mi tensa nuca. Me hacen cosquillas en*
> *los pies. Pronto todos mis sentidos toman el control y me siento fe-*
> *liz. Mientras desciendo me perturba la novedad de las aguas. Su*
> *suavidad y sus abrazos son tan diferentes a los del agua de mi ca-*
> *sa, donde ducharse me es tan poco placentero.*

*Me encuentro con una hermosa sirena que me dice que tengo que quedarme aquí. No puedo volver a los viejos y rudos caminos de agua, pertenezco aquí. Lloro y lloro, y nado y lloro. Mi cara está marcada por las nutrientes aguas del océano y por las aguas de mis lágrimas. Estoy doblemente limpia. Me sumerjo en mareas de duda. Cuanto más profundamente desciendo, más sola estoy. Pero, curiosamente, soy más feliz. En el nivel más profundo hay un remolino. La sirena me dice que no tema. Me dice que este será la entrada a un espacio nuevo. Hay un regalo para mí esperando en el fondo del remolino.*

*Pero no quiero zambullirme en él. Protesto. La sirena nada hacia mí. Sus ojos están tan cerca de los míos que mi visión es borrosa. Ella simplemente me mira. Sin preguntas. Finalmente me pregunta qué veo en el remolino. Le digo que todos esos rostros que se forman con las ondas lo transformarán en un remolino de locura si yo me sumerjo en él.*

*"¿Qué rostros?" pregunta ella.*

*"El de mi padre, el de mi madre. Ambos son tan fríos. Los otros rostros pertenecen a mis hermanos, a mi ex marido y a mis hijos. Ellos no quieren que yo reciba el regalo".*

*"¿Tú lo quieres?"*

*"Sí, sí. Yo ya sé que es".*

*"Por supuesto que sabes. Has sabido por mucho tiempo lo que necesitas. Has tenido miedo de sumergirte y reclamarlo. Llegó la hora".*

*¿Cómo puedo evitar que me arrastren hacia su remolino mortal? ¿Cómo puedo nadar más allá de ellos? ¿Cómo puedo superar sus torrentes de rechazo?"*

*"Fácilmente. Yo te guiaré. Sígueme. No te resistas". Con magnífica gracia ella hizo precisamente eso.*

*"Nadé junto a mi padre. Se quedó sin habla. La ira de mi madre no tuvo tiempo de salir a la superficie. Me sentí impenetrable para los demás. Todos ellos tenían un matiz azulado en sus mejillas. Pero mis aguas eran cálidas y como la miel.*

*La sirena me llamó de nuevo, "abre tus poros".*

*"Están abiertos".*

*"¡No, no lo están! Cierra tus ojos con fuerza y concéntrate en abrir tus poros. Debes estar completamente abierta para el descenso final".*

*Traté de seguir sus instrucciones. Abrí mis poros y me relajé. Luego, cuando pude sentir el fondo del mar con mi mano, allí estaba: una pequeña botella de vidrio hermosamente grabada con tinta violeta y verde. Mi nombre estaba escrito en ella. La sirena me instó a tomarla.*

*"¿Qué hago con ella?"*

*"Nada de regreso a tu casa".*

*"¿Vienes conmigo?"*

*"No, este es mi hogar. Pero quiero que me visites en cualquier momento o que me llames en tus sueños".*

*Quise preguntarle si yo iba a estar bien. Pero ahora sabía que sí lo estaría. Todavía tenía miedo, estaba triste y confundida, pero ahora tenía esperanza.*

*Al llegar al remolino, los rostros estaban congelados. Se habían convertido en témpanos de hielo allí mismo en medio del océano. Ahora sabía que no podrían hacerme daño. Nadé impetuosamente con gráciles brazadas alrededor de sus rígidas formas. Sin embargo, tuve la sensación de que mis nuevos sentimientos estaban a punto de ser puestos a prueba. Tenía la esperanza de que el contenido de la botella me ayudara.*

*Nadé y nadé hasta llegar a la superficie. Salí del agua y sostuve la botella a la luz de la luna para leer su inscripción. Decía: "Cada vez que dejes de creer en ti misma, frota el contenido sobre los poros abiertos. No te preocupes si usas todo de una vez. El contenido siempre se regenerará."*

Lleva a un grupo de niños, o sólo a uno de ellos, a un viaje por alta mar para buscar a sus guardianes espirituales y a sus maestros.

Imagina una idílica isla y un hermoso bote para navegar. Cuando los personajes del cuento se van acercando hacia la isla, se encuentran con una seria oposición que debe ser vencida. Al llegar a su isla especial, pueden aprender en paz todo lo que necesiten saber, o pueden recibir el tesoro exacto de dones que están buscando.

1 *N. de E.* En inglés Blues, género musical, alude a un estado de ánimo de tristeza.
2 "Vasilisa la bella", cuento de hadas ruso.
3 Cita textual de Todos los Cuentos de los Hermanos Grimm. Ver bibliografía.
4 Del cuento "Muchas Pieles", de los Hermanos Grimm.

# 4 | Viajando a través de los elementos

Aparentemente hay algo en estas imágenes iniciáticas tan necesario para la psiquis, que si éstas no son dadas desde afuera, a través del mito y del ritual, serán anunciadas una y otra vez desde adentro.
*Joseph Campbell, El héroe de las mil caras.*

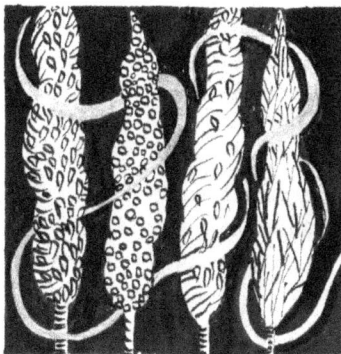

## Hueco en llamas: mar ardiente

Los poderes creativos son estimulados siempre que uno enfrenta lo
desconocido. Los certeros patrones de las historias tradicionales mueven a los protagonistas metódicamente a través de las cuatro zonas
misteriosas: la tierra, el aire, el agua y el fuego. Cada zona presenta un
obstáculo que debe ser superado satisfactoriamente. Un héroe o heroína, que con valentía continúa su camino en pos de un gran objetivo,
podría, de repente, caerse o frenarse justo al borde de un abismo de
fuego. Para salir a salvo de esta ominosa área de caos y calor, necesitará ayuda. Cuando Dante se sumerge en la geografía del Infierno y del
Purgatorio, su fuerte y amable guía lo conduce a través de ciertos pasadizos para revelarle la verdad de lo que allí había. Ojos más abiertos
que los suyos podrían comprender el significado de las llamas allí existentes. Por supuesto, las historias no necesitan explicar lo que vive en
los purificadores reinos de fuego, con el extraordinario detalle como el
poema cósmico de Dante.

Nuestro cuerpo físico y nuestro cuerpo emocional contienen áreas que
pueden calentarse con furiosa intensidad. Todas las formas del deseo,
los celos, la envidia, la arrogancia y el terror tienen temperatura y movimiento. Al igual que Dante, podemos invocar la ayuda de guías para
los personajes de nuestros cuentos, mientras descienden hacia las profundidades del deseo, o podemos visualizar algunos de los habitantes
que se encuentran cautivos en estos reinos y situarlos en nuestros
cuentos. La visión de nuestro "niño interior" percibe su realidad.
Cuando Peronnik[1] monta sobre el potro que conocía el camino para
llegar al castillo del Grial, tuvo que atravesar bosques en llamas y un lago repleto de dragones. En "La cantarina y saltarina alondra" de los
Hermanos Grimm, el viento del sur le dice a la hija menor, que está
buscado a su amor encantado: "Yo he visto la blanca paloma; ha vola-
do hacia el mar Rojo donde se ha convertido nuevamente en león, y está luchando con un dragón". El mar Rojo es como su propia sangre:
salvaje y hermosa. Sorprendente ayuda asiste a la bella doncella en la
búsqueda de su amor perdido. Los personajes que superen semejantes
pruebas de fuego, donde la sangre arde caliente y la destrucción ame-

naza, tienen la oportunidad de salir fortalecidos, como el metal templado, en la victoria y en la gracia de esta exitosa travesía.
Al aceptar los obstáculos y problemas como desafíos tu imaginación fluirá en tu ayuda. Te permitirá comprender aquellas zonas ardientes que te impiden lograr tus verdaderos objetivos. Con ella descubrirás asombrosos poderes que ayudan y que saben cómo controlar esos fuegos y manejarlos con cuidado. Si no te sientes preparado para dominar y transformar estas ardientes energías almacenadas en tu interior, tampoco podrás visualizarlas en la geografía o temática de tus cuentos. A través de las imágenes de los cuentos puedes mirar con nuevos ojos los poderes vitales, que si no están redimidos, causan sufrimiento o muerte pero finalmente pueden convertirse en alegría y bienestar.

En un cuento imagina "los fuegos del infierno" como si fueran un mar ardiente o un hueco en llamas. Métete en las llamas para rescatar a una persona, o cosa, que sea muy importante para ti y que está allí cautiva o escondida.

Concéntrate sobre una emoción fuerte que estés tratando de vencer, como los celos o la furia. Crea una figura que personifique esa emoción que deseas explorar. Cuando este personaje se encuentre con otro, deja que vuelen chispas entre ellos. Exagera todos los detalles de la lucha, ya que al final de tu historia, ambos habrán llegado a un nuevo entendimiento.

## Pruebas de aire: belleza, risa y lo que vendrá...

El aire es también un gran lugar para ponerse a prueba. Cuando liberas tu ser aéreo prevalece a menudo, una sensación de dorada alegría, al menos por un tiempo. En el lenguaje de las historias, el aire nos da una enorme libertad para explorar y para entrar en comunión con todo lo que está por sobre nosotros: los vientos, las sabias alturas de las aves, las devas y hadas de todos los colores, el arcoíris, los ángeles y

hasta los planetas y las estrellas más lejanas.grandes y liberadores movimientos de la mente y del corazón pueden expresarse a través de extensos viajes por aire, como aquellos que el Gato con Botas[2] fue capaz
de hacer cuando tuvo las suelas correctas bajo sus pies. O una alfombra mágica podría desplegarse de forma inesperada en la mente, y sobre ella los viajeros de la historia podrían delicadamente incursionar
en territorios nuevos y desconocidos. Un vuelo especialmente elevado
podría evocar una sensación de "vida después de la muerte", donde
grandes exploraciones fuera del cuerpo podrían llevarse a cabo, para
fortalecer y renovar nuestro ser más interior. Podríamos visitar los planetas y las estrellas del zodíaco y así prepararnos para nuevas aventuras en el plano terrestre, o en otros planos de la existencia.

Los cuentos que exploran el elemento aire nos sacuden el piso, para
bien o para mal. Podrían sanar por un tiempo el "exceso" de peso y la
pesadez; o podrían personificar a aquellos cuya liviandad no puede so-
portar la inmensa gravedad de la condición humana. Peligros acechan
en el elemento aire al no haber allí "tierra firme", donde puedan pisar
los seres humanos que dejan atrás la tierra, a menos que se reciba ayuda. En "La princesa de la luz", George MacDonald nos regala la historia de una pobre niña que ríe y flota por el aire sin poder bajar a tierra.
Aquellos que se quedan por más tiempo en las alturas podrían aprender mucho, pero necesitarán perseverancia para ser devueltos de manera segura a temperaturas más soportables, a ritmos del agua, y a los
magnéticos brazos de la tierra.
A través de las imágenes de las historias puedes expresar lo que es la vida más allá de la fuerza de gravedad de la tierra. La liviandad es tu derecho. Puedes bailar, reír, volar y cantar en el resplandor alegre de la
luz y el vuelo. Puedes ir tras el viento y caminar sobre el arcoíris. El
mundo de tus cuentos puede estar repleto de luz y de seres que habitan
en la luz y la oscuridad de las increíbles aventuras del espacio sobrenatural.

La noche que murió su abuela, mi ahijada de cinco años, le dijo a su
mamá que había soñado con el nacimiento de la Omi (Abuela). Ella di-
bujó un bebé dentro de un capullo de color violeta. Sobre el bebé se
veía un alegre sol rodeado por delicadas nubes. Este fue su cuento:

*La beba ha nacido*
*La beba ha nacido*
*La beba ha nacido*
*Omi ha nacido hoy.*
*El sol está brillando intensamente sobre Omi.*
*Las nubes están sollozando alrededor del sol.*

Lleva a uno de los personajes de tu cuento a un viaje muy lejos por el espacio aéreo para encontrar cualidades que faltan en su vida. Encuentra una manera de que el personaje regrese con las cualidades allí adquiridas y que las comparta.

Crea un personaje que por una u otra razón es incapaz de "bajar a tierra". Describe los graciosos esfuerzos que otros deben hacer para bajarlo a la realidad.

## Pruebas de agua

El encuentro con cualquiera de los cuatro elementos produce una sensación de coraje y de confianza. Cuanto más amenazante sea el paisaje de agua invocada en el lenguaje de tu historia, más habilidosos y bendecidos tendrán que ser los personajes que la atraviesan. La resistencia que ofrecen las olas, los vientos y las corrientes subterráneas son como aspectos de ti mismo que no puedes controlar; hasta que puedas encontrar dentro tuyo una fuerza penetrante y equilibrada, que una vez despierta, conoce el mejor camino a seguir. Las aguas envolventes pueden verse amenazantes, sin embargo, también pueden llevar en su interior peces amigables, espíritus de agua u ondinas que conocen las corrientes. Las mareas podrían cambiar, tal como sucede en nuestra vida interior. Los mares furiosos y arrasadores, los remolinos de energías que tiran hacia abajo o los mares estancados e inmóviles, todas presentan imágenes de aguas turbulentas que los protagonistas deben sortear para estar a salvo.

Una corriente fría podría, implacablemente, llevar una pequeña barca con niños hambrientos hacia la isla de la bruja o del hechicero, quien desea un pedazo de su bondad. Una corriente tibia podría mantener un barquito frágil a flote hasta hacerlo llegar a costas espléndidas y seguras. Los peces podrían tragar viajeros desconfiados y llevarlos a través de los mares hasta llegar a una costa extranjera, donde sus habitantes podrían estar necesitando desesperadamente su ayuda, como sucedió con Jonás.

La paz y plenitud que los lagos pueden ofrecer, tanto en el paisaje de una historia, como así también en la realidad, invita a una quietud que mitiga el sufrimiento. A través de la rítmica dulzura azul de sus gentiles aguas, pájaros viajeros podrían fácilmente llevar a los exhaustos aventureros. Luego de que Hansel y Gretel se escapan del hambre furioso de la bruja, son llevados suavemente sobre el lomo de un pato blanco "al otro lado de las aguas", hasta los brazos de su padre.

Tuve el honor de ser invitada a narrar un cuento en la boda de una muy querida amiga mía. Ella había sufrido mucho en una relación anterior y yo estaba muy preocupada por su felicidad. Yo todavía no conocía muy bien a su futuro marido; ella lo llamaba su "príncipe". El era un apasionado por la navegación, pero mi amiga no compartía todavía esta actividad con él. A medida que él se convertía en el "príncipe" de mi historia y así mi imaginación tranquilizaba a mi mente preocupada, estuve mejor dispuesta a aceptar sus muchas y buenas cualidades. También formó parte del cuento el anillo que a ella le había costado tanto elegir. Cuando terminé de escribir este cuento, me había enamorado de los dos y de sus hijos aún no nacidos.

En el cuento una princesa creció y nadó sin miedo en "Los grandes mares salados de la vida". Ella fue tragada por el pez de un hechicero en tres ocasiones diferentes. Dentro del oscuro pez, ella debía sentarse cada vez a vigilar un tesoro, que estaba en una caja cerrada con llave. Muchos intentaron en vano advertirle que se mantuviera alejada de esas aguas. Yo escribí:

> *Finalmente un príncipe disfrazado, que provenía de un lejano reino, llegó a su puerto. Lleno de la fuerza del mar, él comenzó a pescar desde su barco de madera. El sabía cómo empujar con la adornada quilla de su barco, y cómo manejar el botalón para que*

*las velas pudieran danzar con los mejores vientos. Entonces,*
*cuando él partió, la tierra se regocijó y el cielo se colmó de luz.*

Luego de haber escrito hasta aquí, sentí un auténtico respeto por sus proezas de navegante. Antes, sólo había podido sentir temor por la vida de mi amiga si ella lo acompañaba a cruzar el océano en su pequeño velero, tal como él lo deseaba. Yo estaba usando una antigua receta de los cuentos: la de la "prueba del agua". En verdad, el modelo y las imágenes que fluían, me hacían confiar más en su relación y en lo que podría significar para su propia liberación. Al seguir las pautas ya probadas a través del tiempo, el Príncipe de mi cuento arriesgó su vida por la princesa, se enfrentó con la bruja de las aguas y rompió el hechizo de la caja cerrada con llave. Cuando terminé de contar mi cuento durante la fiesta de bodas, pude expresar a través de él, mi confianza y mi felicidad por ellos. El cuento me ayudó a incluir a todas las personas que estaban allí y también a la tierra y al mar como parte suya. Todos y todo habían compuesto un cuadro radiante.

*Poco tiempo después, y con sumo placer, el Rey entregó al Príncipe la mano de su hija. Toda la tierra estuvo presente para disfrutar de la alegría y del gozo. Sobre ellos brillaba un gran anillo de oro. En el agua, los peces grandes y pequeños agitaban sus aletas, burbujeaban y borboteaban. En el aire, los pájaros cantaban entre las ramas de los árboles señalando hacia las alturas de la luz. Mientras el Príncipe daba a conocer la caja del tesoro, desde los cielos dorados descendió un anillo de luz radiante, que giraba haciéndose cada vez más pequeño hasta que cuando el Príncipe tomó la mano de la Princesa para cubrirla de besos, la luz dorada se envolvió suavemente alrededor de su dedo como un anillo brillante. Luego, el Príncipe y la Princesa navegaron felices y serenos sobre las profundidades y las tristezas del insondable mar.*

Imagina a un niño que posee aquellas cualidades que tú más valoras. Lleva a este niño a través de una historia que represente una aventura de la vida real o un viaje simbólico, durante el cual deba enfrentarse a una prueba de agua muy desafiante.

> Lee en la Biblia el libro de Jonás. Permite que los rea-
> cios héroes o heroínas de tus historias sean tragados
> por un gran pez. Deja que sean trasladados a una cos-
> ta extranjera para entregar un mensaje importante, o
> para realizar otro tipo de tarea.

## Pruebas de tierra

Enfrentando la oposición en nosotros mismos, y en otros, nos fortale-
cemos. Las pruebas de tierra revelan grandes misterios, ya que donde
la resistencia es mucho más densa y pesada, mucho más consolidadas
formas de amor podrían surgir.

De la tierra congelada y del barro más profundo, aparece vida preciosa. Junto a todos y todas las cosas, la Tierra te sostiene con su poderoso agarre. La compleja mezcla de los elementos de tu cuerpo, te
conecta con montañas, campos, prados, rocas y piedras de todo tipo.
Eres un verdadero depósito para todos los elementos.

"Una prueba de tierra" podría ser representada como un viaje prolon-
gado a través de la densa materia. El tiempo transcurre lentamente. Parece inexistente la posibilidad de regresar o continuar en cuentos
donde el peso de la tierra es una tremenda carga para el viajero. Pensamientos miserables parecen acosar en un paisaje inmovilizado. Un jinete atrapado en un desfiladero rocoso podría sentir que no hay salida
y que tendrá que morir allí, completamente solo.

Una prueba de tierra también podría desafiar al protagonista del cuento a sembrar un campo enorme, o a cosechar en un tiempo limitado, o
a cruzar un vasto terreno montañoso. Dichas imágenes de una tierra
ominosa y encantada podrían ser percibidas como aspectos de nosotros mismos que aprendemos a desencantar. Puedes liberar el amor a
través de la dinámica de las historias; más allá de las piedras y del hielo que han inmovilizado las figuras de tu cuento, hay tierra firme desde donde una completa alegría podría brotar.

En los antiguos cuentos existen muchos castillos encantados. En estos
castillos, lo que una vez había sido materia viva, ha perdido toda su vitalidad. Ellos quedan suspendidos, profundamente apartados, como si
formaran parte de un sueño sepulcral. Una pesada sensación pesimis-
ta lo ha invadido todo, transformando todos los seres y criaturas vivas
en polvo o estatuas de piedra. Sin embargo, un amor verdadero y valiente tiene el poder de transformar el más profundo hechizo de iner-
cia. Luego de romper este hechizo, el agua puede correr con fuerza y
borbotear libremente, el fuego puede arder desde las cenizas, el aire
fresco y los rayos del sol pueden entrar en habitaciones cerradas. En
"La reina de las abejas", de los Hermanos Grimm, los patos, las hormigas y las abejas amaban a Simplón[3] por la bondad que él les demostra-
ba. La sabiduría natural de ellos lo guió por los oscuros pasillos del
castillo, hacia los labios de su verdadero amor y al trono de su poderío
terrenal. En "La Bella Durmiente", también de los Hermanos Grimm,
el príncipe avanza, como lo hizo Moisés atravesando el mar, cuando el
tiempo de la liberación llega. Luego, la joven puede despertar del sueño de la muerte en el que ha caído, con gran bendición y celebración.

Crea una historia en la que un héroe o heroína es incapaz de respirar, vivir o moverse como los seres humanos. Piensa en algo importante que te ha mantenido
inmovilizado, quizás, por muchas generaciones tu familia ha estado bajo un "encantamiento". Quizás simplemente te quedaste dormido dentro tuyo, para
escaparte de algo que no pudiste enfrentar, o de alguna
experiencia desagradable, que paralizó tu confianza y
tu alegría. Una persona que se transforma en una máquina, o una estatua de piedra, puede representar la
imagen de una parálisis interior. El sincero reconocimiento de tu propia inmovilidad dará a tu historia una
gran energía. A través de tu imaginación, libera esa
energía "atrapada" para que pueda bailar libre y amo-
rosamente al final de tu cuento.
Imagina a un joven príncipe o princesa que tiene que
vivir aislado bajo tierra. Quizás han sido puestos en recámaras subterráneas como castigo o para ser contro-

lados por sus poderosos padres. Allí desarrollan un gran anhelo por la libertad, la bondad y la calidez. Cuenta la historia sobre su liberación como si fuera la tuya propia, en ella organizas tus propios poderes y tu propia comprensión, y así lograrás vivir mejor y más sabiamente.

Cuenta una historia sobre la Madre Tierra que pierde su capacidad de movimiento durante el otoño, y la recupera en la primavera.

[1] Del cuento tradicional francés, basado en el mito de Percival y las Leyendas del Santo Grial.

[2] "El Gato con Botas", cuento popular europeo, recopilado en 1697, por Charles Perrault.

[3] *N. de E.* Se optó por Simplón, en vez de *Bobo* o *Inocentón.* (*Simpleton* en inglés).

# 5 | Estaciones del año y estados de ánimo

Cada brizna de hierba tiene un Ángel que se inclina sobre ella y le su-
surra: ¡Crece! ¡Crece!
*El Talmud.*

## Las estaciones del año en las historias

Las estaciones del año se suceden obedeciendo leyes profundas y misteriosas; tus historias, repletas de imágenes ricas y vitales, tendrán un ritmo natural al estar conectadas con ellas. El invierno provoca un estado de ánimo de profunda reflexión y añoranza, ya que la tierra inspira hierba, flores y frutos para un tiempo de quietud y de semilla dormida. La primavera trae un estado de ánimo de un redescubrir gozoso: las semillas que estaban escondidas salen a la luz. Despierta y se recupera aquello que había estado profundamente dormido, o aparentemente muerto y perdido, y se viste con nuevas formas, colores y aromas. Las energías de la primavera pueden trabajar dentro del más frío corazón de una historia, o en la más fea y obstinada forma de un cuento, otorgando una sensación de suave derretimiento, de dulzura y renovación de los fluidos, los movimientos, la danza, el canto, y la liberación de la oscuridad y la muerte.

El verano levanta aún más el espíritu como, por ejemplo, cuando Juan[1] trepa su árbol de habichuelas mágicas. Cuentos en un estado de ánimo estival, donde el calor y la luz se extienden sobre todo y todos, expresan el anhelo de abrirse y ser libres, como sucede finalmente en el castillo de "La reina de las abejas". Estas historias están llenas de días largos y luminosos, de un espléndido aire libre, de flores y de aguas que brillan a la luz del sol. Sin embargo, también retratan los peligros ocasionados por demasiado calor o deleite. Caperucita roja se desvió de su camino peligrosamente. Ícaro[2] voló demasiado cerca de los ardientes rayos del sol.

El otoño nos lleva nuevamente hacia abajo y hacia adentro, a través de una fundición de hierro y fuego, enredándonos con las extraordinarias y ardientes transformaciones en el mundo vegetal hacedor de semillas, y en las preparaciones para dormir del mundo animal. Cuando cuentas una historia en un ánimo otoñal, naturalmente invocarás los grandes misterios de la muerte en vida y convocarás ingenuidad, diligencia y ferviente voluntad para rechazar el ataque. "El lobo y las siete cabritas", de los Hermanos Grimm, retrata esta arriesgada estación del año, como también sucede en la leyenda San Jorge y el dragón, en "La Hormiga y el Saltamontes"[3] y en "Juan de hierro"[4].

El comienzo del cuento "El enebro", de los Hermanos Grimm, nos sumerge profundo en los misteriosos ritmos del año. El niño que va a nacer al final del invierno (en el comienzo de la historia) tiene dentro suyo las fuerzas de la primavera, del verano y del otoño. Después de su muerte, queda detenido en la profunda sabiduría de la naturaleza, y recién entonces, regresa por completo a la vida. Las estaciones cíclicas muestran imágenes de tu propia vida interior. A medida que amalgamas los diferentes ánimos con el avance de los personajes de tu historia, tu conocimiento de tus propias "estaciones" internas florecerá naturalmente.

Cuenta la historia de un árbol que responde a las cambiantes estaciones, al canto de las aves, vientos, lluvias y temperaturas. Las personas y los animales que estén dentro o alrededor del árbol influirán en él ya que ellos también tendrán que adaptarse al clima.

Cuenta un cuento acerca de un niño inocente que sufre, muere, y regresa a la vida en la primavera. Piensa en este niño como si fuera un aspecto de ti mismo o de otro que "muere", y que tiene la posibilidad de volver a la vida completamente sano y quizás más sabio. "El enebro", en la colección de los hermanos Grimm, puede servir de paradigma para este tipo de cuentos. Otro posible cuento podría ser sobre la vida de una semillita que muere en la tierra y luego brota en una nueva vida. Sigue de cerca el proceso de esta transformación desde el punto de vista de la semilla.

Crea un personaje que represente una estación del año en apariencia y conducta. Deja que este personaje tenga una relación con otro que personifica otra estación del año. Quizás sus intereses y sus formas de hablar entren en conflicto. ¿Cómo podrían sus vidas estar en armonía?

## Muerte

Narrar historias es una manera segura para expresar ideas y sentimientos sobre asuntos difíciles. En la gran tradición de los cuentos, la muerte nunca carece de sentido. Es una experiencia de transformación que, al igual que un casamiento, requiere de coraje. En muchos cuentos, alguien que ha muerto después de mucho sufrir, cobra otra forma para poder ayudar a los que se quedaron, o para hacer justicia. En "El Enebro", el niño muerto se transforma en un pájaro alegre que canta verdades a todos los del pueblo, hasta que vuelve a tomar la forma de ser humano. La madre de Cenicienta, al morir, se transforma en un pájaro-ángel que aparece en la copa del árbol plantado en su tumba. En "Los siete cuervos" los hermanos tienen que abandonar su forma humana hasta que puedan ser devueltos a la vida por el amor de su hermana, y por su diligente sentido de justicia.

Existe otro tipo de muerte al final de algunos cuentos, como cuando se hace justicia con un malvado farsante. Los cuentos proveen un marco seguro para explorar las consecuencias de los malos impulsos. Los niños, en especial, sienten mucho alivio cuando al final del cuento una bruja muy mala recibe un castigo cruel o incluso la muerte. Sin embargo, tales desarrollos deben ser relatados con suavidad porque los misterios de una justicia verdadera son asuntos serios para tratar en cualquier edad. Como sucede en el cuento original de Cenicienta, los malvados podrían ser interrogados sobre el tipo de castigo apropiado para quien hubiese cometido sus crímenes; entonces ese mismo castigo les será aplicado por el sabio gobernante. La parte infantil de nuestras mentes, que se regocija en el temible proceso de juicio contra los malvados que han prevalecido, queda profundamente satisfecha. La conciencia y la culpa pueden consumir toda una vida, a no ser que sean educadas y reglamentadas con mucho cuidado. En estos grandes cuentos, el malvado conoce íntimamente los daños que ha causado y necesita ser castigado a través del sufrimiento, o inclusive, la muerte.

En sabios cuentos antiguos otra experiencia común de muerte es aquella donde la madre muere poco después del nacimiento de su amado primogénito. Así el espíritu puro de la madre se libera, y logra vigilar y proveer protección al hijo desde los cielos. En el cuento de Cenicienta, la muerte de su madre fortalece ese vínculo de perfecto amor entre ellas. Mientras la niña enfrenta tormentos y humillaciones de la malvada madrastra, su verdadera madre la guía desde lo alto hacia su verdadero amor y destino; como un santo en la iglesia a quién la desafortunada niña acude en oración. Cada persona es un niño que transita entre la madre celestial y la terrenal; entre la vida del más allá del umbral de la muerte y la vida que lo mantiene atado a tareas desagradables, al abuso, el sufrimiento y la incomprensión.

En muchas historias antiguas, la realidad que antes se presentaba vivaz y perfectamente conectada con la hermosa joven o con el guerrero, es de repente sumida en un sueño o en sombras. Todo lo que anteriormente era para ellos significativo y lleno de vida queda en suspenso hasta el momento justo en que un amor renovado pueda florecer. Cuando Blancanieves es colocada dentro de un ataúd de cristal, ella al igual que la Bella durmiente, parece entrar en un estado de muerte temporaria. A su alrededor la vida continúa, pero ella no la puede percibir. La princesa encantada adentro de la torre o envuelta en una cámara oscura, o en un ataúd, tiene también su contraparte en imágenes masculinas. Un hombre extremadamente ansioso puede ser transformado en una inmóvil y silenciosa estatua de piedra hasta el momento en que se rompa el hechizo. También puede estar sentado en la cima de una montaña de cristal, completamente aislado e inmóvil, o quedar atrapado en una estrecha cueva donde solamente un inspirado amor podrá encontrarlo y devolverlo a la vida.

En estos relatos, la experiencia de la muerte del héroe o la heroína sólo puede ser vencida cuando alguien del sexo opuesto tenga la perseverancia para salir a romper el hechizo bajo el cual se encuentran. Escapar de la panza del lobo, como en El lobo y las siete cabritas, también habla de las sorpresas que la vida tiene reservadas para cuando parecemos estar consumidos en las oscuras profundidades del "lobo" o del "dragón", entonces llega la liberación. Una persona precisa y servicial entiende cómo revertir la muerte, por ejemplo a través del ingenio de una buena madre o la fortaleza penetrante de un entusiasta cazador.

Vivir es experimentar muchas muertes misteriosas. Cada vez que exha-
las e inhalas, que avanzas y retrocedes, te conectas con los vastos ritmos
desde los cuales tú, y todo lo viviente, es creado, siguiendo el pulso de
la vida y de la muerte. Todo relato de muerte podría estar profunda y
claramente conectado con la construcción de una nueva vida si uno está abierto a las leyes misteriosas de la vida y de la muerte; de tal manera que ellas puedan enriquecer sabiamente el mundo de tus historias.

Una mujer que se había recuperado de cáncer, creó un cuento acerca de
una reina que estaba muy cansada. Uno de los personajes se acercó para observar el fuego junto a ella, y con la agudeza de una vidente, dijo:

> *"Yo te asusto y te recuerdo a la muerte, pero no tengas miedo. Lo
> que parece muerte también podría ser nueva vida. Te bendigo".
> En el fuego ella también vio la sombra de un demonio invisible
> que, sin darle descanso, la seguía día y noche. Finalmente llegó a
> un arroyo donde las ramas de un sauce se bañaban en sus aguas.
> Cuando ella giró su cabeza sintió que el demonio se había retira-
> do.*

Esta historia llegó en el momento en que ella se estaba liberando de las
causas ocultas de su enfermedad. Fue el comienzo de un proceso pla-
centero y muy apasionante.

El Hospice Movement[5] estimula la creación artística. Me invitaron a visitar a un hombre quien se estaba muriendo de SIDA. Su vida había sido triste y vacía. Sin embargo, HM había formado una familia para él.
Cuando llegué con una canasta llena de títeres, le pregunté si podía bajar el volumen del televisor, pero él lo necesitaba para alimentar sus es-
casas fuerzas vitales, así que empecé mi cuento sin cambiar nada.
Mantuvo siempre su mirada sobre mí, y sobre el títere "Simplón". Se re-
costó en su cama como un niño. La historia emanó desde su fuente, pasando a través de mí, hacia él. Después, él sonrió con la felicidad pura
de un niño. Yo no sabía si el cuento había penetrado algún nivel de su
conciencia; en el cuento, Simplón había roto el hechizo del castillo oscuro y al final él danzaba y cantaba. Me sentí muy honrada de haber
podido dramatizar un cuento para este hombre que se estaba murien-

do. Me di cuenta que hay mucho dentro del mundo de la imaginación para ser compartido con aquellos que han llegado al fin de sus vidas.

Imagina un héroe o heroína que vive alternando entre la tierra de los muertos y la tierra de los vivos. En tu historia, cuenta cómo él o ella ayudan en la tierra de los muertos y por qué puede volver a la vida.

Crea un personaje que "por un pelo" se escapa de la muerte una y otra vez.

Crea un chaman a quien otros recurren cuando desean que llegue la muerte propia o la de otros; ya sea por agotamiento, enojo o culpa. El sabio tiene el poder para ayudarlos a transformar estos deseos de muerte en vida nueva, para ellos y para otros. Imagina la choza, cueva, carpa u otro reino de este sabio. También imagina una ropa especial, varitas mágicas, piedras o ayudantes que podrían ser necesarios para lograr la transformación.

# Luz y oscuridad

Un cierto color o estado de ánimo prevalecerá en cada paisaje de la historia que hayas creado. Los rayos del sol podrían penetrar todas las grietas, torrecillas y poblados del cuento. Una increíble y bondadosa luz podría irrumpir en una recámara sombría o en un espeso bosque, aportando una sensación de protección angelical y de paz. Luminosas y coloridas joyas podrían colmar un reino con misteriosos brillos y sombras. En una escena, la neblina y penumbra o una fuerte llovizna podrían caer con fuerza sobre todo y todos. O quizás, una violenta tormenta interior o un largo periodo de penumbra personal, impulsarán al cansado viajero a continuar, hasta que un arcoíris se refleja de pronto sobre las brillantes aguas de un lago, y la oscuridad y la tormenta se transforman en belleza. Un cielo nocturno podría brillar desde lo alto, o mirar de manera amenazante. La oscuridad tiene su equivalente en la confusión, sin embargo, la noche también puede ser experimentada como un tiempo de tibieza y seguridad interior. La luz de la luna puede penetrar hasta las entrañas de la historia, creando una rítmica marea que todo lo lleva hacia las alturas y las profundidades de una iluminación reconfortante.

Los cambios de luz y oscuridad en las historias y cuentos son particularmente importantes para los niños. Ellos necesitan percibir ritmos constantes y previsibles para fortalecer su cuerpo y respiración. Tanto en los cuentos como en la vida real, una mirada precisa y pasos equilibrados sólo se logran cuando la luz y la oscuridad, el yang y el yin, trabajan juntos.

Al acompañar la danza de tu historia a través de momentos de luz y sombra, de vigilia o sueño, te volverás más consciente del entretejido del día y la noche en tu propia vida. A medida que los personajes transiten a través de los diferentes estados de ánimo de tu cuento, podrás reflexionar de una manera más clara y profunda sobre tu relación con la oscuridad y la luz.

Los colores podrían tomar nuevos significados, un personaje principal vestido de azul, caminando con una serenidad soñadora hacia su meta contrastará con uno que revolea su capa rojo brillante. Un pícaro vestido de verde podría tener aquietados poderes característicos de bosques y prados. El amarillo en las vestimentas podría ayudar a una doncella o un noble joven a moverse con pies ligeros a través del territorio de su historia. El violeta podría aumentar la sensibilidad del alma. El negro en las vestimentas envuelve a quien busca en los misterios de la oscuridad, para bien o para mal. El blanco nítido viste al protagonista de luz. Los colores claros en vestimentas y joyas van cambiando a medida que quien las usa va atravesando por cambios. Quien haya superado una importante prueba de coraje o de bondad, podría descubrirse bañado en colores vivos y por una gloriosa luz. Colores turbios, que serán lavados en el curso de la historia, simbolizan un proceso interior similar.

Una niña, de nueve años, situó su relato en un palacio que estaba divi-

dido entre la luz y la oscuridad. Su princesa había quedado "atrapada
justo en el medio, durante un terremoto, y había sido herida tanto por
la luz como por la oscuridad, lo cual, dijo ella, "no pasa muy seguido".
Imaginar y poder hablar sobre la lucha y el triunfo de la princesa fue
de gran satisfacción para esta niña. Cuando hubo terminado de presentar su historia al grupo, escuché que les decía a las telas claras y oscuras, y a sus títeres mientras los guardaba en la canasta: "Hicieron un
maravilloso trabajo. Son realmente invalorables".

A pesar de que otorga un sentido de realización, no es fácil enfrentarse con la oscuridad, incluso dentro del marco seguro de una historia.
En un taller de narración para adultos, les pedí a los participantes que
escribieran una historia sobre la transformación de un lugar oscuro
dentro de uno mismo, o de otro. Era una época de una inusual confusión internacional. Un padre, amable y reflexivo, quedó horrorizado
por la oscuridad que su historia tomó esa noche. Su protagonista era:

*Un joven de corazón puro y con un alma sincera. Los pájaros
cantaban y le hacían una reverencia, el pasto recibía sus pasos
con alegría. La gente saludaba al muchacho con júbilo. Sin embargo, cuando cruzó las murallas del pueblo, una gran sombra
pasó frente a su vista. Al mirar hacia arriba, vio un extraño y fascinante cuervo volando en círculos, atrayéndolo. Él no conocía a
este pájaro, y cuando le preguntó su nombre, éste no le contestó;
pero voló hacia una entrada en la línea de árboles, apenas más
allá de las murallas de piedra del límite del campo. Porque amaba a todos los animales, el joven lo siguió para saber el nombre de
su nuevo amigo.*
*Pronto se encontró atrapado en una caverna del bosque, que no
tenía principio y tampoco tenía fin; era un laberinto circular, de
una dirección y un tiempo desconocidos para un alma pura. Él
lanzó un grito: "Oh amigo, ¿por qué me has traído a este lugar
alejado de aquellos a quienes amo?" Pero ninguna respuesta pudo escucharse.*
*"Te he seguido con ansias y he sido traído a la oscuridad". Pron-
to se oyó una carcajada. Su visión fue impactada por imágenes de
sus amigos muertos dejados en el campo. Estas imágenes comen-*

*zaron a dar vueltas, a girar y a volar en su cara. Escuchó una voz preguntando: "¿Cómo te gustaría morir? ¿Con una espada, hacha o flecha atravesando tu corazón?*
*Se escuchó a si mismo responder: "con un hacha," y se desmayó.*
*Su cara en la tierra, su corazón arrancado de su pecho. Luego, oscuridad total.*
*Años parecían pasar...*

Allí, el hombre, perturbado, paró de escribir. Cuando llegó su turno para leer lo que había escrito, nos contó sobre un desagradable incidente. Había sucedido en su infancia, con algunos niños que habían formado un club en su vecindario. Se había sentido indefenso, como ahora, para transformar la oscuridad que recordaba envolviéndolo. Avergonzado, se disculpó ante el grupo..

Cerca de un año después, el mismo tema de violencia y traición reapareció de otra manera. Él escribió una pesadilla tal como la recordaba y la tituló: "Una vista desde el castillo oscuro". En este relato, un "hombre-niño" entra a la muralla del castillo, sintiendo que allí había un tesoro escondido, pero se encuentra a sí mismo en una complejidad de pasadizos.

*El caminó hacia el túnel de la derecha, pero se volvió y caminó hacia el sector iluminado del pasadizo a la izquierda. Luego, se volvió como si alguien o algo lo hubiese llamado. Una sensación de algo inminente lo inundó. Mientras caminaba hacia esa voz, un agujero apareció en la pared, indicando otro pasadizo que llevaba hacia la senda del castillo.*
*Una figura grotesca y traviesa apareció como silueta en el agujero, extendiendo su mano de garra membranosa hacia el muchacho. El tomó la mano, pasó por el agujero y subió por el pasadizo. Apenas llegaron a la punta, aparecieron sobre un camino abierto. El diablillo con hocico de lobo tumbó al muchacho sobre el suelo y le mordió el cuello y le chupó toda su sangre. Aunque el joven intentó escapar, no hubo esperanza de sobrevivir.*

Otra vez el hombre quedó perplejo frente a los feroces colmillos de la traición y los deseos de sangre. ¿Qué podría hacer un narrador de cuentos con estas terribles realidades?

Crea una historia que contenga una tormenta intensa. Permite que esta tormenta represente una emoción que necesites expresar. Al final de tu historia, deja que la luz brille magníficamente.

Crea un héroe o heroína que realice un viaje, que dure todo un día y toda una noche. Cuando este personaje se acerque al Amanecer describe los formidables personajes: Mediodía, Tarde y Medianoche, con quienes él o ella se encuentra en el camino. Deja que tu héroe o heroína reciba un regalo simbólico de cada uno de ellos.

Lleva un personaje hacia la profunda oscuridad donde pueda encontrar las estrellas y planetas especiales de su propio nacimiento. Consulta un manual de astrología para buscar ideas o guía para esta gran expedición.

Cuenta la peor pesadilla que recuerdes de tu acerbo de sueños como una historia. Pide a un sabio compañero narrador de historias que transforme tu pesadilla contándola como un cuento. Confía en su habilidad para colaborar con tu relato y escucha profundamente sus palabras.

# Gratitud

Las virtudes que sientes que faltan en tu vida pueden experimentarse profundamente en la narración de historias. ¿Quién ha recibido el suficiente agradecimiento por todo lo dado, o ha agradecido lo suficiente por todo lo recibido? Cuando un personaje expresa gratitud por un regalo, un don, o una gentileza, una luz dorada podría iluminar tu historia. En la cálida luz de la gratitud alguien feo podría, de repente, convertirse en un ser hermoso. Un cuerpo encorvado podría enderezarse, un príncipe podría lograr revelar su verdadera identidad, algo de gran belleza y valor podría aparecer en un lugar antes empobrecido. Quizás una arpía, un enano o un mendigo miserable reciban un favor de un alma buena. Aún cuando quien lo recibe parezca inmutable al principio, un poder ha sido liberado. Luego, obedeciendo las sabias leyes del universo de las historias, el regalo se reflejará de maneras sorprendentes en quién lo ha dado.

A menudo, los animales y los seres elementales son representados en los cuentos como poderosos ayudantes, en especial cuando han sido honrados y protegidos por seres humanos. En "La reina de las abejas", las hormigas, los patos, y las abejas, que habían sido protegidos por "Simplón", expresan su gratitud ayudándolo arduamente con sus otras agobiantes tareas. En el momento correcto lo salvan, tal como él los había salvado; esto nos recuerda esos profundos y misteriosos intercambios de los cuales participamos a lo largo de nuestras vidas.
Al respirar, comer y expresarnos los unos a los otros, estamos continuamente en deuda y gratitud con los reinos de la naturaleza y el universo entero.
Cada vez que representemos gratitud y su contrario en la misma historia, tendrá un efecto "de despertar". Todos tenemos momentos de gratitud, pero de nuestra ingratitud, en general no somos conscientes. En "Madre Nieve", de los Hermanos Grimm, doradas palabras y fuerzas vitales sobrevienen a la niña que ha trabajado con gratitud en su corazón, por lo que ha recibido de la poderosa Madre. En el mismo cuento, la niña perezosa y codiciosa, quién sentía demasiado orgullo para expresar gratitud, recibió palabras repulsivas y fealdad como recompensa. Narrar historias puede inspirar nuestro sentido de gratitud y enseñarnos cómo agradecer a las plantas, los animales, la tierra y el cielo. Puede ponernos en contacto íntimo con aquellos que nos guían y protegen en el presente, los que nos han precedido y con aquellos cuyas vidas seguirán a las nuestras.

> **Crea una historia, en grupo, sobre una persona que nunca se da cuenta de nada y que siempre actúa de manera descuidada y egoísta. Exagerar una conducta negativa inspira lo contrario. Nombra a tu personaje. Quizás alguno quiera hacer un títere que represente un**

personaje de corazón duro o con una gratitud de oro.
Imagina un lugar lindo y cómodo donde todo y todos
se vuelven polvo y piedra a medida que sus habitantes
pierden el poder de ser agradecidos. Luego, imagina
dos personajes vitales que entran a este lugar sombrío
y lo reviven.

La codicia, la ansiedad, un corazón duro, la impaciencia y otras aflicciones, eliminan nuestro impulso natural de ser agradecidos. Crea una historia en la cual dos
personajes responden a la misma situación con gratitud e ingratitud, y sobre las consecuencias que esto tiene para ambos.

# Dormir y despertar

Durante siglos, narradores de historias han explorado los misterios del
dormir, el soñar y el despertar. Las profundidades del sueño y las alturas de vigilia son polos entre los que oscilamos día a día, tal como el sol
en el cielo.

Nos despertamos con el sol de la tierra y con nuestro sol interior, y luego descansamos de los rigores de la luz. Durante el sueño experimentamos misteriosas regiones de nosotros mismos. En la dinámica del
mundo de las historias, tu cuento podría ser experimentado como un
mundo dormido, en el cual todo sucede como lo haría en un sueño.
Durante los sueños, el mundo natural se suspende, y podemos salirnos
de nuestros cuerpos, y a veces contactarnos con sutiles y misteriosas
representaciones de quienes somos, hemos sido, o llegaremos a ser en
el futuro.

Yoringel[6], en su soledad y deseando a Yorinda, soñó que había hallado
una flor de color rojo sangre, en cuyo centro había una perla grande y
hermosa. El recogió la flor y la llevó al castillo de la bruja, y luego todos y todo lo que tocó con la flor fueron liberados del malvado hechizo. En el cuento, el sueño se hizo realidad, ni siquiera el veneno ni el
enojo de la bruja podían hacerle daño. La guía que nos aporta la sabi-

duría de los sueños dentro del cuento, nos recuerda la poderosa verdad que fluye hacia nosotros cuando nos despertamos de nuestros sueños. Ayudantes podrían ser invitados a un desordenado paisaje de un sueño, para poner las cosas en orden. Podría aparecer un intérprete de sueños, como cuando Daniel se presentó ante el Rey en el Antiguo Testamento, para interpretar el verdadero significado de un sueño. Cuando el verdadero príncipe, con amor atraviesa la espesura encantada que encierra a la princesa durmiente, ella se despierta para conocerse a sí misma. En "La reina de las abejas", cuando "Simplón" despierta a su hermosa reina, quien está misteriosamente dormida en el castillo de piedra, sus hermanos también son liberados de la piedra y devueltos a su forma humana.

Porque el narrar historias nos lleva hacia un estado de sueño consciente, nos ayuda a conocernos a nosotros mismos. Cuando los personajes de tu cuento se despiertan, pueden mostrarte maneras de integrar la fuerza y la sabiduría de tu vida interior con las responsabilidades y rutinas de tu vida de vigilia. Tú también eres una bella durmiente, un guerrero de piedra en un oscuro castillo, hasta que un poder inefable te despierta.

> Narra o escribe uno de tus sueños para que sea una historia completa.
>
> Crea un personaje que pueda interpretar sueños sabiamente. ¿Dónde vive este personaje? ¿Alguna criatura lo cuida? Deja que tu intérprete ayude al que tiene sueños que perturbadores, para que la verdad que vive en ellos ayude a otros.
>
> Crea un príncipe durmiente que es despertado por el coraje y el amor de una noble princesa.

# Anhelar

El cuento esencial de cada corazón humano es la búsqueda del amor, la realización, la justicia y la alegría perdurables. Este profundo anhelo del corazón podría tomar diferentes formas en una historia. Las imágenes del verdadero deseo de nuestro corazón podrían yacer acurrucadas de forma extraña, como envueltas en silenciosos capullos, esperando poder entrar al lenguaje de nuestro cuento.

En el clásico cuento "El borriquillo", de los Hermanos Grimm, éste logra encontrar un profesor de música, a pesar de que tiene que tocar las notas con sus enormes pezuñas. Él anhela producir hermosos sonidos y así poder expresar lo que siente en su interior. Prácticamente todos se oponen a su búsqueda pero, gracias a su determinación milagrosa, él logra dominar el laúd con destreza, recuperando así su forma humana, su verdadero amor y un reino feliz para gobernar. En el cuento "Los Doce Hermanos", también de los Hermanos Grimm, la hija anhela de todo corazón la reconciliación entre ella, sus hermanos y sus padres, y está dispuesta a "caminar tan lejos como azul sea el cielo para encontrarlos" y poner las cosas en orden. El Zar tanto añora ver al pajarillo de fuego[7] que envía a sus queridos hijos a encontrarlo y traerlo con vida, para que su brillo esté siempre a su lado.

Muchos de los maravillosos cuentos antiguos comienzan con el tierno anhelo de una madre y un padre por tener un niño propio. En "Blancanieves" la reina desea ardientemente tener "una hija que fuera tan blanca como la nieve, que tuviera las mejillas tan rojas como la sangre y los cabellos tan negros como el ébano del marco de la ventana". "Rapunzel" comienza así: "había una vez un hombre y una mujer que habían esperado en vano deseando tener un hijo". Cuando en las historias el anhelo por tener un hijo se cumple, a menudo ocurren eventos sorprendentes. Lo mismo ocurre en la vida real. El hombre que anhela encontrar una esposa, podría descubrir cuando la encuentra, que ella es mucho más de lo que había deseado. O una joven mujer orgullosa que es humillada en su matrimonio podría descubrir, como en el cuento "El rey pico de tordo", de los Hermanos Grimm, que el verdadero anhelo de su corazón había sido satisfecho por el violinista-mendigo, quien era realmente un gran rey disfrazado. El anhelo por crecer podría llevar a aventuras extremas. El profundo anhelo por cantar, reír, bailar, o volar podrían desatar hermosos y sorprendentes vuelos de la imaginación.

En los cuentos ya no necesitas negar tus deseos. A medida que construyes tu mundo de historias propio, y a medida que permitas que los personajes de tus historias vayan en pos de los deseos de sus corazones, encontrarás nueva profundidad y perspectiva. Puedes expresar tus tan humanos anhelos por la salud, la belleza y la alegría, o por más poder y riquezas, o por un reino en el cual se cumplan todos los deseos. Como narrador puedes declarar el anhelo de sabiduría, felicidad y amor que habita en tu corazón por siempre.

> Crea una historia sobre un animal que desea convertirse en ser humano y así poseer cualidades humanas. Describe cómo se sobrepone a todos los obstáculos desprendiéndose así de su naturaleza animal.
> Recuerda un anhelo de tu propia alma. Crea un personaje que tenga el mismo anhelo y ubícalo dentro del paisaje de un cuento. Permite que alguien aparezca en el cuento, que realmente comprende este anhelo, y le ayude a realizar los cambios necesarios.
> El resentimiento es entusiasmo que ha sido frustrado. A través de tu imaginación crea una historia en la cual se recupera el entusiasmo que estaba ignorado o bloqueado.

## Deseo

Tu poder de desear abre de par en par los portales de la aventura. El libre juego de los deseos, expresados a través de la imaginación en los cuentos, te permite explorar todas sus dimensiones y consecuencias. Infinitos cuentos de todas partes del mundo proveen un territorio seguro para experimentar con deseos sabios o imprudentes.

En las historias, más predecibles que la vida real, los deseos se cumplen rápidamente a través de objetos mágicos o por encuentros con magos cumplidores de deseos. Si cuando pronuncio las palabras correctas, un objeto como una lámpara, una piedra o una pluma se recarga con el poder de cumplir mis deseos, de repente soy poderoso. Ahora debo aprender a usar este poder sabiamente.

En "La Mesa, el Asno y el Bastón Maravilloso" de los hermanos Grimm, un joven que desea progresar en el gran mundo recibe una mesa como premio al terminar su aprendizaje de carpintero. Si alguien la saca y dice: "Pequeña mesa despliégate", la mesa inmediatamente se cubre con un limpio mantel, un plato con cuchillo y tenedor a su lado, y con bandejas de comida y bebida digna de reyes. Esta mágica mesa es como muchas ollas, platos, manteles y bolsas mágicas que reciben por un tiempo los personajes de las historias, de los cuales ellos pueden obtener lo que quieran para satisfacer sus deseos. En el mismo cuento, el bastón le otorga al joven la pujante fuerza para vencer a sus enemigos, y el mágico asno le provee una interminable cantidad de oro. En "El pescador y su mujer", también de los Hermanos Grimm, la pareja vive en una "pocilga junto al mar". Al comienzo del cuento, el hombre pesca un rodaballo que cumple todos sus deseos. La insaciable esposa desea tener casas cada vez más grandes, hasta que finalmente expresa el deseo que supera a todos: ella quiere poseer los reinos de Dios.

La satisfacción inmediata de los deseos puede ser un peso tan grande, o más grande aún, que el no haber deseado nada. A través del cumplimiento de los deseos en las imágenes de tu historia, puedes disfrutar libremente del desarrollo de sabios o imprudentes anhelos e ideas. A medida que pronuncies y escuches los deseos, ellos te enseñarán cómo usar tu voluntad en comunión con el benevolente trabajo del universo.

Pide un deseo. "Deseo sentirme joven para siempre." "Ojala pudiera aprender diecisiete idiomas en un día." "Ojala pudiera escuchar la voz de la tierra hablando." Cualquiera sea tu deseo, repítelo tres veces lentamente y escúchate con mucha atención. Pídele a un compañero, o a alguien cercano, que repita tu deseo, para que puedas escucharlo desde otra procedencia. Cuenta una historia en la que alguien pide un deseo exactamente igual al tuyo y éste se cumple. Inventa una palabra mágica que haga realidad los de-

seos. Permite que esta palabra actúe en tu historia para que cada deseo se cumpla al pronunciarla.
Crea una historia sobre las consecuencias de un deseo
imprudente.

# Búsqueda

Ir en busca de algo brinda grandiosos patrones que transforman una
vida sin sentido en una elevada aventura; toda búsqueda sincera es una
expedición para obtener más amor, sabiduría y poder. Todo el que se
embarca en una búsqueda necesita ser valiente y diligente para realizar
las tareas que necesitan ser realizadas. Estos viajes en la niñez, antes de
que un sentido consciente del tiempo y del propósito se haya despertado, se hacen con inocencia y confianza. En cualquier historia en la que
prevalezcan estas energías infantiles hay un clima de aceptación y asi-
milación. El niño muestra el mismo entusiasmo cuando se encuentra
con el sol y la luna, las ovejas y las cabras, las flores y las mariposas, o
con un mendigo y una reina. A medida que la búsqueda se vuelve más
consciente y madura, las metas se vuelven más definidas funcionando
como imanes. ¿Qué buscan tus héroes o heroínas: un cáliz santo, el vellocino de oro, el amante más hermoso del mundo? Los caballeros del
Santo Grial buscaban perfección y sabían que todos abrazaban el mismo propósito en su corazón. Jasón eligió poderosos marineros como
compañeros, y construyó una nave lo suficientemente fuerte para llevarlos a todos hasta la isla, donde su recompensa de oro era retenida
en un árbol vigilada por un dragón. Aún siendo rey por derecho, él tuvo que hacer el viaje para legitimar su poder.

Quien esté en una misión, a menudo necesitará ayuda. A veces esta
ayuda se oculta tomando formas horripilantes. Una arpía con voz ca-
rrasposa y ojos vacíos podría vociferar la contraseña para acceder al
tesoro oculto en un calabozo. Un perro sarnoso con trece cabezas podría ser el guardián de una bella mujer que necesita protección. El misterioso Rumplestiltskin[8] ayuda a la hija del molinero en su esfuerzo
por sobrevivir. La malvada abuela en "Los tres pelos del diablo", tam-

bién de los Hermanos Grimm, protege al niño que va en busca del amor.

Los personajes de los cuentos que perseveran para alcanzar un objetivo se ven a menudo enfrentados a tierras y mares desconocidos. Los dragones furiosos representan el elemento Fuego, que sale a nuestro encuentro desde nuestro interior, en toda misión importante. Castillos encantados, estatuas, cuevas, iglesias en ruinas y cofres cerrados representan la tierra inmóvil. Lagos tempestuosos, mares tranquilos y enormes, y ruidosos gigantes se elevan desde nuestra naturaleza líquida para retrasar nuestro progreso. Salvajes y sorprendentes mujeres-pájaro, brujas en vuelo, mensajeros benévolos de las alturas se precipitan dentro los cuentos. Cuando jóvenes aventureros son advertidos de no mirar atrás cuando van al encuentro de situaciones que los ponen a prueba, haciéndolos madurar, ellos muchas veces olvidan esta advertencia quedando así atrapados toda vez que sean incapaces de liberarse de sus modos infantiles. Su búsqueda fracasa hasta que la ayuda correcta aparece.

Tú también eres un viajero, que a veces deambulas sin sentido, y otras vas tras una misión importante. Durante la reciente guerra con Irak, me invitaron a compartir narraciones con un grupo de niñas exploradoras; sólo estaríamos juntas durante tres horas. Les presenté mis títeres y les pedí que se reunieran en grupos pequeños para crear historias. Les pedí que utilizaran dos personajes que partirían para traer paz a un reino en conflicto, y un tercero los ayudaría para cumplir con ese objetivo. Como de costumbre, me maravilló la buena disposición y el poder presente en la espontánea imaginación de estas niñas.

En uno de sus cuentos, la Reina de India era sanada por el Rey de Egipto. En otro, un rey solitario viajaba por un "reino del mal", y atravesando enormes sufrimientos, finalmente encuentra su verdadero amor. Tres hijas provenientes de hogares destrozados se encontraban en una "mística hermandad." Protegidas por una estrella de mar y una paloma, ellas remaron y remaron hasta llegar al valle de sus abuelos espirituales, reuniéndose con ellos. En una tierra de pobreza, donde no había agua pero sí maíz y otros granos, la benévola Reina de los Incas recibe una capa sanadora. Cubriéndose con ella mientras dormía, se sintió tan bien a la mañana siguiente, que la paz y la salud nuevamente reinaron en su tierra.

La princesa de Francia y la princesa de España tomaron caminos diferentes para llegar a la Piedra de la Paz. El odio, representado por una tela roja, se extendió entre ellas en su camino. Justo cuando todo se volvía más peligroso, la Mujer Sabia, que estaba sentada sobre la cabeza de una de las niñas, descendió. Ella guió a las princesas y les dijo qué hacer. Juntas dejaron caer La Piedra de la Paz en el lugar del odio, entonces la paz prevaleció. En cada uno de estos cuentos, una gran misión pudo ser cumplida en un corto tiempo.

Una valiente mujer de mediana edad regresó luego de pasar "tres días y tres noches de ayuno en el desierto, en busca de una visión"; ella escribió una historia memorable. Cuando leyó esta historia al resto del grupo, se quedaron tan absortos y vulnerables que no pudieron recibirla. Solo unos años después, luego de que ella se uniera a otro grupo de narración, tuvo el deseo de compartir lo que había escrito en aquél momento. Así ocurre que a veces se entierra, quizás para toda la vida, la más profunda y poderosa expresión de nuestras almas porque no fue bien recibida por otros. Su historia comenzaba así:

> *Astrid vivía sola en una pequeña casa de un pequeño pueblo. Ella era diferente a los otros aldeanos. Vivía sola por elección, y sólo salía para ir a hacer un trabajo de limpieza, para obtener dinero y comprar comida. Usaba vestidos simples y largos que ella misma confeccionaba, y por lo general andaba descalza. No sabía cómo había llegado a este pueblo. Simplemente un día había aparecido allí. Una amable y anciana pareja, quienes ya habían muerto, la había acogido, y ella continuó viviendo en esa pequeña y humilde morada.*
>
> *Le costaba entender por qué pensaba diferente que el resto de los jóvenes del pueblo. Sabía que una voz en su interior le pedía que anhelara más para su vida.*
>
> *Un día, llegó a oídos de esta heroína, una proclama de los reyes de aquellas comarcas: "aquel que encuentre una valiosa joya per-*

*dida por el bisabuelo del Rey, recibirá una gran recompensa". As-
trid comprendió que esta búsqueda era una oportunidad que
podría cambiar su vida.
Viajó durante tres días para llegar al palacio. Allí la recibió un
hombre anciano, que la miraba con ojos amables y cansados.
Le dijo que el viaje en busca de la joya perdida sería muy difícil
para ella, pero que era libre de intentarlo. Astrid quiso hacerlo.
Entonces, le contaron la historia de la joya, que era "un enorme
diamante de color ámbar, con hilos de oro entretejidos en su interior". El viaje de Astrid fue muy largo...*

Durante su viaje se encontró con un pequeño libro amarillo encuader-
nado en seda, con indicaciones para hallar la joya. Agua, montañas, y
un clima furioso obstaculizaban su progreso, pero la ayuda aparecía
misteriosamente cada vez que perdía el camino. Un cuervo la elevó volando sobre el fuego, y la llevó hasta la cueva donde se encontraba la
joya perdida. En el momento en que tuvo la preciada joya entre sus
manos, el fuego desapareció; y ella pudo entonces ponerse a sí misma
y a la joya, a salvo. En el final de la historia se reveló que Astrid era la
única hija de los reyes, quien había estado perdida durante mucho
tiempo. Según la profecía, solo ella podría encontrar esta joya cuando
hubiese adquirido la fuerza suficiente.

Lee la historia de Jasón y su búsqueda del Vellocino de
oro. Imagínate joven e inexperto, atravesando un mar
prohibido. Llegas a un temible reino, y allí obtienes
amor y protección. Recibes el poder para entrar en su
huerto sagrado. Encuentras allí el "Árbol de la vida",
toma algunas de sus ramas para llevarlas como símbolo de tu noble fuerza. Regresa triunfante a tu trono, tu
hogar.
Escribe una pregunta. Lleva a uno de tus héroes o heroínas en busca de la verdadera respuesta a tu pregunta.
Piensa en una cualidad preciosa que has perdido en tu
niñez. Quizás sea una cualidad que se ha perdido para
toda tu familia. Ve en su búsqueda y recupera esta hermosa joya.

# Dichosa unión

Muchos antiguos y sabios cuentos culminan con la celebración de un profundo amor. Las imágenes de dicha y felicidad presentes en los libros de cuentos, en un trono de un reino desconocido, han sido analizadas a la luz de la psicología moderna, las estructuras sociales y los prejuicios. Durante este proceso, muchas veces la esencia original de la sabiduría presente en estos cuentos, se pierde. A medida que nos elevamos más allá de nuestra mente racional hacia una compasiva conciencia de nosotros mismos, y de los demás, podemos estar agradecidos por estas antiguas y sólidas imágenes de felicidad que nos ofrecen los cuentos de hadas. La mayor parte de estas historias están impregnadas de felicidad, sabiduría y poder, y culminan en una hermosa "boda", aún cuando los personajes hayan tenido que atravesar horribles aventuras. Los protagonistas habrán logrado así entrar en un orden superior de la existencia, dejando atrás todo tipo de maldad, siendo ahora libres para vivir juntos, en armonía, hasta el fin de sus días.

La psicología de Jung nos enseña a experimentar cada parte de un cuento, sus personajes, su escenario y su dinámica, como aspectos de nosotros mismos. Luego de episodios de misterio, desencuentro amoroso y búsqueda, el momento de unión al final de la historia, nos recuerda nuestra búsqueda más importante como seres humanos. Verdaderamente unidos con nosotros mismos, logrado el equilibrio y la armonía, podemos sabiamente reinar en nuestro castillo personal. Esta sensación de una vida interior saludable, que tenemos cuando los conflictos de identidad (en el sentido de la psicología moderna) han sido transformados de forma creativa y productiva, permite que este sabio gobierno prevalezca. La gran boda en el final de los cuentos puede ser considerada como una imagen de una vida plena, que irradia una armonía creativa y feliz para todos.

Otra manera de comprender la dichosa unión al final de los cuentos de hadas es interpretarla como una imagen de lo que sucede cuando dos personas, que estaban destinadas a estar juntas, se encuentran. Teniendo que vencer apariciones aterradoras, encantamientos y otras pruebas para finalmente reconocer el potencial de una vida juntos. Todo lo que los había mantenido separados mientras sus almas se anhelaban mutuamente, es ahora vencido en un impulso de alegre certeza. Ellos están unidos por una fidelidad de orden superior, para toda la eternidad, o al menos durante esta vida sobre la tierra que tienen por delante. Más allá de cómo se interprete el elemento esencial de la dicha conyugal en el reino del deseo, estas historias nos ayudarán a desarrollar y mantener nuestra fe en el amor y en la sabiduría como los más altos propósitos de nuestra vida terrenal.

La imaginación revela que poseemos un poder interior que puede transformar los obstáculos, para que prevalezca el verdadero amor. En tus historias puedes sentirte libre de llevar tus sentimientos y pensamientos hacia este noble reino. Sediento de amor, como todas las criaturas que vivimos en esta tierra, a medida que te acercas a sus misterios siguiendo estos antiguos patrones, encontrarás tu historia personal de vida transformándose e iluminándose.

La imaginación de una mujer la llevó a lo profundo de un oscuro bosque, colmado de soldados que gritaban y bebían alrededor del fuego. El rey y la reina estaban amordazados y atados entre ellos. Al final de esta historia, los soldados tuvieron un sueño:

*Su sueño era pesado y profundo. En el bosque nada se movía. No se escuchaba ningún sonido, ni siquiera el viento alteraba la inmensa quietud. Era una noche mágica. Era una noche mística. Y el sueño que flotaba a través del bosque profundamente dormido, fue compartido por todos los que yacían al amparo de sus árboles. Cada soñador fue llevado a un majestuoso castillo en los aires. Este era de vidrio y luz; y brillaba con el resplandor de miles y miles de velas. Allí se estaba celebrando una hermosa boda. El rey del aire se estaba casando con la reina del agua. La pareja real estaba parada frente a un altar de luz dorada, y los unía un círculo de sabiduría celestial. Todos los observaban con alegría, mientras la pareja subía hacia el cielo, sobre una serpiente plateada.*

A la mañana siguiente todos despertaron en paz, descansados y asombrados:

*Los soldados, en especial, estaban sorprendidos por el sueño compartido. ¡Nunca habían visto tanta belleza! ¡Nunca habían sentido tanta paz! Transformados por la visión, se movían en armoniosas filas, con los buenos y sabios reyes, que ahora liberados, los guiaban nuevamente.*

¿Cuál es la mayor oposición para una unión dichosa que tú conozcas o hayas experimentado personalmente? Dale forma a esta oposición en una historia, como una bruja o hechicero. A través del poder de tu imaginación encuentra una manera para vencerla.

Como ejemplo de sufrimiento atroz podrías leer "La doncella sin manos" de los Hermanos Grimm. Crea una historia sobre un hombre y una mujer que atraviesan torturas similares, pero que al final pueden superarlo y reencontrarse nuevamente. Al escribir tu cuento podrías pensar a tus héroes y heroínas como aspectos de la evolución humana, así también como reflejos de ti mismo, o de los demás.

Cuenta una alegre historia acerca de un príncipe o princesa, que anhelan el amor y finalmente descubren que la felicidad es mayor a la que jamás imaginaron.

De muchas maneras, todos somos niños en el reino del amor. Cuenta un episodio de tu vida amorosa como si fueras un niño inocente que está aprendiendo a través de la experiencia. En algún lugar del cuento, coloca un poderoso espejo al cual tus personajes puedan acudir para "oír" una importante verdad, que de otra manera habría sido muy difícil de enfrentar.

1 En "Juan y las habichuelas mágicas", cuento popular inglés.

2 Icarus, mitología griega.

3 Fábulas de Esopo.

4 De los Hermanos Grimm.

5 *N. de E.* El Hospice Movement es un organismo internacional cuyo objetivo es brindar la mejor calidad de vida posible a personas con enfermedades muy dolorosas y o terminales.

6 "Yorinda y Yoringel", de los Hermanos Grimm.

7 "El pájaro de Fuego", cuento de hadas tradicional ruso.

8 En el cuento "La Hija del Molinero", de los Hermanos Grimm.

# 6 | Personajes

Esta vida que estás viviendo no es un fragmento del acontecer universal, sino en cierto sentido, la totalidad.
*Erwin Schrodinger, premio Nobel de física.*

## Madres buenas

La narración de historias reaviva la confianza propia de la infancia; en lo profundo de cada persona vive una matriz nutriente de seguridad y calidez. En el reino de las historias podemos explorar y afirmar las mejores y más elevadas cualidades de la maternidad que hemos experimentado, y así recrear este ideal como algo irreprochablemente sabio, bello y generoso. Especialmente, al comienzo de la historia, la presencia de una madre o abuela dadoras de vida puede reafirmar la estabilidad y fuerza que sostendrá al joven protagonista a través de sus futuras aventuras.

En el comienzo de la historia, ella muchas veces está allí como una hermosa y joven reina que vive en un bello castillo, o como una dama de buen corazón que cuida de su agradable casa y jardín, y quizás de algunos animales. A veces ella muere en la primera escena de la historia, y brinda su guía a través de aves u otros mensajeros espirituales. En los más sabios y antiguos cuentos e historias, esta gran alma maternal da a luz a un niño bueno, puro y radiante. Ella quizás pueda o no entender claramente cuál será el propósito del niño en la historia, aún así ha traído a este amado niño al mundo por su determinación y amor supremo. Este adorado niño reina en el corazón de cada uno, dándonos el sentimiento de que la vida es buena y vale la pena vivirla.

Reconoce la presencia de la sabia madre que vive dentro tuyo y en cada uno de nosotros. Desde su cálida matriz dadora de vida puedes construir el terreno de tu historia con sus cerros, valles, praderas, bosques, plantas y criaturas. Desde la nutrición de su casa o su castillo, puedes ver sabias y jóvenes fuerzas naciendo y liberándose para ir en busca de aventuras y nueva comprensión. El niño de esta madre "espiritualmente iniciada" realmente merece la corona al final de la historia.

**Al comienzo de tu historia imagina una feliz unión entre una madre y su niño. Deja que el niño vaya en busca de aventuras y que al final, regrese a la seguridad del amor de su madre o abuela.**

En la imagen de tu historia, crea la madre que desea-
rías ser para tí misma y para otros. Nutre esta imagen
hasta que veas y sientas las cualidades que te gustaría
expresar de manera más completa en tu vida. Crea una
historia sobre un día entero en la vida de esta madre
junto a su hijo.

Imagina a la inocente y poderosa niña escondida dentro de tu madre y/o abuela. Crea una historia en la que
puedes comunicarte con esta niña.

# Otras madres

Toda buena madre alguna vez toma el rol de la "madrastra" de los
cuentos de hadas. Una buena madre nos conecta con las mejores energías vitales de nuestra mente, cuerpo, corazón y alma, y nos otorga una
certeza de felicidad y de amorosa realización. Otros "seres madres" ge-
neran situaciones duras de sufrimiento, desentendimiento, incomodi-
dad, aún de violencia y desesperación. Sus pensamientos y sentimientos
no están impregnados por las más elevadas cualidades y sabiduría. En
su interior ella no es hermosa ni amorosa. Drena la energía, la vida, la
felicidad y el significado, y lo reemplaza con tristeza y trabajos duros
sin reconocimientos ni recompensas. Sus hijos, tanto hombres como
mujeres, tienen corazones duros, crueles y lenguas filosas; su apariencia es tosca o poseen una belleza desagradable. Codicia, envidia, celos,
lujuria, pereza e ingratitud llenan sus días.

La "madrastra" mala, que por supuesto aparece en tantos cuentos de
hadas, se asemeja a nosotros cuando perdemos el contacto con la fuente vital de nuestra sabiduría. Podemos encontrar a esta voraz madrastra y a sus hijos fácilmente tanto en la ficción como en la realidad;
especialmente podemos encontrarlos dentro nuestro. En su libro "Los
usos de los encantamientos" Bruno Bettelheim, nos recuerda que tarde o temprano cada niño debe aprender a aceptar ambos aspectos de
nuestras muy humanas madres; la ideal y la menos que ideal imagen

de madre que nos ponen a prueba, abandonándonos a visiones y a impulsos oscuros y empujándonos para así descubrir dentro nuestro nuevas fuentes de fortaleza. Necesitamos vívidas imágenes de ambos aspectos de la maternidad para aprender a aceptar nuestra compleja naturaleza humana.

Tu eres madre para ti y para otros. Como tal, descubres tus limitaciones. Puedes personificar estas limitaciones en las historias que inventas. La "madrastra" es parte de tu identidad. Puedes vivenciar cualquier personaje de "madrastra" como un alejamiento de tu propia sabiduría y nutriente calidez. Tienes el coraje para crear tal personaje porque sabes que sus impulsos también te pertenecen, y que pueden ser transformados con entendimiento, determinación y buena voluntad.

Durante nuestros primeros años, todos hemos vivenciado el rechazo de importantes aspectos de nosotros mismos, a veces por nuestras madres y o por otros adultos importantes. Muy pocos de nosotros llegamos a ser adultos sin que nuestros vulnerables y sensibles impulsos artísticos hayan sido tan pisoteados que hemos perdido contacto con ellos. Yo tuve que enfrentarme con una gran cantidad de sentimientos vacíos e inhóspitos que han surgido de mi infancia. Había muy poco tiempo y poco refuerzo positivo para los juegos amables o imaginativos dentro de la numerosa familia en la cual crecí; no tuve hermanas, así que el béisbol y otros deportes dominaron nuestra vida familiar. Mis padres eran personas muy ocupadas. Traté de ser una responsable y estoica pequeña madre, como lo había sido mi madre durante su propia infancia.

Recuerdo cuando en la escuela, mi maestra no me dio importancia cuando, tímida pero emocionada, le entregué un poema que había escrito; evidentemente ella olvidó el asunto. Si ella me hubiera animado, quizás yo habría escrito muchos más. Por supuesto nunca le entregué otro ni pude compartir un poema con otras personas por varios años. En mi temprana adolescencia, cuando empecé a escribir una historia, los personajes y las imágenes que provenían de mi imaginación me aterrorizaron tanto que los dejé de lado. No supe cómo consolarme, inspirarme o enriquecerme a través de mi imaginación. Ahora veo esas experiencias negativas de mi niñez como hitos en mi vida. Siento mi propio dolor cuando me encuentro con otras personas que han perdido la senda hacia este rico y vulnerable reino del sentimiento.

Enfocar lo negativo y lo positivo en una historia de niños ayuda a clarificar y a descubrir cuáles son los verdaderos sentimientos. Mi madre no traía flores a casa, ni las amaba, porque le recordaban el funeral de su propia madre cuando ella tan solo tenía nueve años. Un día cuando la primavera se iba acercando, yo deseaba tener flores en todas mis ventanas. Sin embargo en mi vida, mi relación con las flores era sombría. Decidí escribir una historia para mí, siguiendo los preceptos de este libro. La titulé "El Odiador de Flores".

El cuento parecía escribirse solo, aunque me llevó varias horas pulirlo. Esta historia había clarificado por completo lo que yo sentía de niña por las flores. Cuando lo terminé lloré profundamente, y me di cuenta de lo triste que estaba por mi madre, y al mismo tiempo perpleja, frustrada y furiosa. Entendí plenamente mi necesidad por las flores. Estoy agradecida por haberme tomado el tiempo para expresarlo para mí misma. Cuando compartí mi cuento con dos de mis mejores amigas, supe en mi corazón que yo había cambiado para siempre, y que el proceso de haberlo escrito había abierto mis ojos. Aquella primavera salí y encontré exactamente lo que necesitaba para mi jardín, sin el molesto e inexplicable sentimiento de culpa que de niña había sentido aún cuando recogía flores silvestres. Yo había sido liberada, respetando la verdad de mi imaginación.

El poder dominante de una persona joven al enfrentarse con la oposición de un adulto puede otorgarles poder a ambos. En los talleres, tanto para adultos como para niños, por lo general me siento en silencio en medio de la habitación, mientras los compañeros trabajan juntos en sus historias. Luego les pregunto si compartirían sus historias con el resto del grupo. Tanto adultos como niños aumentan su energía y coraje al trabajar juntos, de manera íntima, y también al compartirla con todo el grupo siempre que no sea demasiado grande, y que una sensación de seguridad se haya establecido. Luego de habernos reunido varias veces con un grupo de niños y de llegar a conocerlos bastante bien, les pedí que crearan una historia en la que un niño era más sabio que sus padres. Dos niñas crearon un cuento sobre una niña india que quería ayudar a su pueblo:

> *Su madre, la reina Malahara, no le permitía salir del castillo, ni cruzar el hielo hacia las costas extranjeras para buscar ayuda. "Yo no hago excepciones para nadie".*
>
> *Dijo la hija: "Pienso que eres más tonta que yo, madre". Ella salió y cruzó el hielo prohibido.*
>
> *"Esto es muy, muy peligroso", dijo el guardia de aquel lugar. "Aquí está la comida y el agua que estás buscando. Por favor, apúrate y regresa". Cuando la niña volvió, le contó a su madre su valiente aventura con gran emoción".*
>
> *"¿Qué?" dijo la reina madre, "¡Tú, me has desobedecido! Hija, te dije que no me confrontaras".*
>
> *"Madre, me gustaría que me acompañaras. Estoy trayendo agua y comida para toda nuestra gente".*
>
> *"Has cruzado el hielo prohibido", gritó la reina. Pero finalmente la reina siguió a su hija.*
>
> *"Oh, hija, me siento mucho más iluminada ahora. Gracias por ser paciente conmigo. Perdóname por haber sido una necia gobernante".*
>
> *A partir de entonces la reina nunca más gobernó tontamente. Y la hija se transformó en el Espíritu del Sol brillando para su pueblo. Y ese es el final de nuestra historia.*

Al final de este cuento, todos en el grupo sintieron una profunda satisfacción.

**Piensa en un incidente específico de tu infancia donde hayas experimentado ser rechazado. Obsérvate bajo una luz positiva, como una persona embrujada pero buena, que está bajo un hechizo, tal vez cautiva en una pequeña habitación de un castillo, o entre las montañas donde la ayuda no puede encontrarte. Ahora imagina a quién te rechazó de manera creativa, tal vez como un ogro aburrido o como una bruja enojada.**

Exagera el contraste con el fin de poder verlo con más claridad. Deja que la energía negativa se oponga a la positiva hasta que la ayuda necesaria llegue y se rompa el hechizo. Evoca la peor madre que conozcas. Exagera sus peores cualidades. Tal vez tú seas una terrible madre para ti mismo. Cuenta la historia de una madre que, por alguna razón, trata de destruir a su hijo o hijos. En el transcurso de tu historia, permite que su negatividad sea completamente vencida por la bondad y la sabiduría natural del niño o niños.

## Padres buenos y magníficos

Cada imagen del cuento puede ser vista como un aspecto de ti mismo. Una amorosa unión de sabiduría masculina y femenina cuida de tus hijos hasta que estén listos para llegar a ser ellos mismos en sus propios reinos de autoridad. El "buen padre" es una antigua e ideal energía dentro tuyo. Con esa energía tienes el poder para dirigir, guiar, bendecir, liberar y celebrar los logros de los más jóvenes y pujantes.

En antiguas tradiciones lo masculino que nutre y protege es a menudo representado como rey. El buen rey es la máxima imagen de padre que reina sobre "toda la tierra" con bondad y sabiduría. Se espera mucho de sus descendientes, ya que son hijos de la voluntad real y de la abundancia. Estos padres regresan de sus viajes por tierras lejanas con los regalos exactos que sus hijos necesitan. Sólo permiten que sus hijos salgan a la aventura cuando creen que están realmente preparados para llevar adelante su búsqueda. Ellos proporcionan a sus hijos símbolos de autoridad y poder: quizás una gran espada, una bolsa llena de oro, un noble caballo.

La imagen feudal de este viejo, amable y poderoso puede ser vista aún hoy como una eterna representante de aquella parte nuestra que resguarda el reino, instaurando la ley y el orden, creando modelos útiles que inspiran y guían. Es el sabio gobernante que sabe cómo y cuándo debe dejar salir al mundo a cada uno de sus hijos, sea varón o mujer, para ir en busca de sus propios poderes y de su felicidad; mientras tanto, ellos permanecen en sus propios dominios para recibir pretendientes de sus hijas o noticias de sus aventuras. Podemos experimentar esta gran presencia y protección en nosotros mismos, esperando vigilantes en la sede del poder. A menudo al final de la historia, el buen rey por propia voluntad, proporciona la mitad o la totalidad de su reino a la nueva pareja reinante, bajo la mirada conmovida, comprensiva y de aprobación de la buena madre. El podría yacer enfermo en su lecho real necesitando las gracias salvadoras y la buena voluntad de sus hijos, hasta que por fin ellos hayan crecido volviéndose sabios y lo suficientemente fuertes para devolverle su propia fortaleza, dando así muestras a todo el reino de sus propias fuerzas.

Un grupo de niños creó la siguiente historia, que aquí transcribo a partir de las notas que tomé, mientras estaba sentada escuchando, en el fondo del salón:

*El rey estaba de luto, sufriendo por la muerte de su esposa. Su hija, Synea, no comprendía. Se le acercó y lo acusó: "Eres un impostor, quieres aparentar que sufres para quedar bien. Tu me encierras en mi habitación para que yo no le cuente a nadie que en realidad no la amabas".*
*Cuando él estaba sentado en su trono, todo el tiempo ella le reprochaba por su falso dolor.*
*Un día, un mercader que pasaba por el palacio, le ofreció a Synea su amistad. Entonces ella le contó su pena, y lo invitó a regresar. También le dijo que su jardín de rosas pronto florecería.*
*Al cabo de unos días, Synea salió a caminar por este hermoso jardín.*
*"¿Cómo has logrado salir de tu encierro?", la increpó su padre, el rey.*
*"La cerradura estaba oxidada", contestó ella.*
*"Hoy veré a todos los mercaderes de seda en mi salón", dijo su padre. "Regresa a tu habitación. Llámame si me necesitas".*
*Los ministros del gabinete y alguno de los mercaderes planeaban*

*matar al rey para ser más prósperos y obtener el poder. Confabu-*
*laban por lo bajo: "Sabemos que ella odia a su padre. Matemos al*
*rey. Muerte al rey. La princesa Synea podría ayudarnos".*
*Y entonces, Synea se unió al complot contra su padre para enve-*
*nenarlo.*
*Pero a último momento, ella corrió a su habitación y llorando*
*arrepentida le suplicó: "No comas, por favor. En realidad ahora sé*
*que tú amabas a mi madre".*
*Su amigo, el buen mercader, la respaldó y le contó al rey acerca*
*del terrible complot contra su vida.*
*Entonces, el rey increpó a los perversos ministros del gabinete di-*
*ciéndoles:" Yo soy la autoridad en estas tierras. Yo soy vuestro rey.*
*Los sentencio al destierro. Cuando llegue el momento apropiado,*
*enviaré a por ustedes."*
*Al poco tiempo, las rosas florecieron en el jardín y el buen merca-*
*der y la princesa Synea se casaron, y celebraron, allí donde cre-*
*cían las rosas, su hermosa boda.*

La narración de historias nos permite, tanto a adultos como a niños, una exploración libre y extensa sobre aquellos temas que pueden resultarnos difíciles de abordar en conversaciones cotidianas. A menudo, es el niño que no ha podido expresarse, el que queda como escondido dentro de uno, entumeciendo la vida adulta. Miedos y esperanzas, enojo y resentimiento a la autoridad, pueden fácilmente tomar forma dentro de los cuentos de hadas. El substancial y sensible ejercicio de la imaginación, es por su propia naturaleza beneficioso para todos, tal como una buena caminata o un día en la playa.

Crea una historia donde defiendas a un buen padre contra las maquinaciones de un niño enojado.
En una historia envía a tres hijos o hijas a "buscar fortuna". Presta especial atención a las palabras y a los gestos del padre que los ayuda a salir a la aventura.
Crea una historia sobre un buen rey que está enfermo, infeliz y confundido, hasta que uno de sus hijos le trae el remedio que necesita para recuperarse. Así el niño lo ayuda a retomar el control de su reino.

## Otros padres

Los reyes, por supuesto, podrían no ser ni tan sabios ni tan buenos. Cualquier padre que gobierna y que provee lo necesario a su hijo o hija, podría ser considerado un rey. Sin embargo, hasta un rey podría tener poco para dar y deba enviar a su hijo, o hijos, por el mundo, sin su bendición y sin su amor. Quizás, al igual que su contraparte femenina, lo consuman las tareas cotidianas o sus emociones negativas, como envida, celos, odio, vagancia, codicia y lujuria. Quizás, como el padre de "Hansel y Gretel", se desarma frente a la presión de su menos que ideal esposa, y lleva a sus niños de una tierna edad al bosque oscuro para que se valgan por sí mismos. Él podría perder su capacidad de amar y hacer pactos con sus adversarios para proteger sus propios y escasos intereses, como lo hizo el padre en "El rey de la montaña de oro" de los Hermanos Grimm, que conspiraba sin piedad contra su hijo, para beneficio propio. La lujuria incestuosa consume al viejo rey en el cuento "Allerleirauh". Sin embargo, semejantes abusos paternos rara vez se representan en los cuentos de hadas tradicionales, ya que los buenos padres son necesarios para nuestra fe en nosotros mismos y en la vida. Aquellos que no son reyes, son representados como personajes muy trabajadores, ausentes, o lo suficientemente potentes para prevalecer sobre la influencia negativa de la "mala madre". O viajan cruzando por un bosque oscuro y caen, sin querer, bajo un encantamiento, porque su capacidad de observación no es la suficientemente adecuada para proteger a sus hijas, como sucede en "La bella y la bestia". Su no tan sabia presencia proyecta una sombra dañina que, tal como sucede en la vida real, deberá ser superada por el joven protagonista.

Los no tan sabios padres de las historias nos hacen conscientes de que a veces atormentamos, rechazamos, ahuyentamos, o disminuimos a los niños de nuestros corazones y de nuestras imaginaciones. Sin embargo, más allá de los confines de nuestras débiles, agobiadas y cansadas mentes, nuestros niños de las historias pueden dar un paso hacia aventuras redentoras. Entonces ellos podrían ser capaces de traer fuerzas a los reyes enfermos, y a los otros personajes paternos que necesitan de la frescura y de la sabiduría de sus hijos, para sanar y restablecerse.

En un taller de narración le pedí a un grupo de adultos que en una historia emprendieran una búsqueda atravesando la oposición del agua, la tierra, el fuego y el aire. Un devoto padre, cuya vida estaba consumida en investigar y escribir su árida tesis doctoral, quedó sorprendido con el cuento que escribió. Representaba la búsqueda de un padre por su hijo perdido. Su personaje principal era un carpintero ebanista:

*...un tranquilo pero intenso hombre trabajaba en su oficio desde muy temprano en la mañana hasta entrada la noche. Los años habían tallado líneas profundas sobre sus cejas, su barba oscura cubría una cicatriz en su mejilla. Su hijo, sin embargo, era un joven alegre, rubio de ojos azules, que amaba jugar con los animales en el campo o tocar la flauta bajo su árbol favorito. Él siempre le pedía a su padre que viniera y que jugara con él, pero el padre siempre decía: "no, tengo mucho trabajo que hacer".*

En el siguiente párrafo:

*...un frío viento, nubes oscuras y un tremendo rugido, casi como el sonido de una bestia, se habían llevado lejos a su hijo. El padre sólo alcanzó a escuchar su último y débil pedido de ayuda. La neblina y las nubes se disiparon y el viento cesó. Pero no había señales de su hijo por ningún lado. El padre salió por el bosque oscuro en su búsqueda. El viaje por sus profundidades fue largo y difícil. Perdió la noción del día y de la noche. En medio de la desesperación llegó a un claro que tenía un pequeño lago, en su orilla se durmió mirando su propio y cansado reflejo.*

La historia continuaba:

*Un tiempo después, el ebanista se despertó con una luz brillando sobre sus ojos. La luz brotaba desde el agua y era tan alta como él, tenía la forma de un hombre viejo con cabellos blancos y una larga túnica. Este espíritu le pidió que se le acercara, y él así lo hizo. Luego el espíritu se desvaneció y en su lugar apareció un ágil ciervo de madera, que lo invitaba a seguirlo. El hombre miró fijamente al animal y al instante sintió una sensación de consuelo y*

*de certeza. Se arrodilló para beber del lago, pero en lugar de ver*
*su propio reflejo, vio el de su hijo. Supo entonces que debía confiar*
*en el ciervo y seguirlo dondequiera que lo llevara.*

En esta hermosa historia, que fue escrita en menos de una hora,

*...el ciervo se convirtió en un ave que volando llevó al padre a*
*cruzar un gran océano. Cuando el ave desapareció, el hombre*
*construyó una balsa para seguir su camino. Viajó por aguas des-*
*conocidas durante muchos días. Un delfín nadaba alrededor pro-*
*tegiéndolo de una enorme serpiente que quería devorarlo. Luego*
*el delfín lo llevó sobre su lomo. Se movían ligeramente por el agua*
*hacia el otro lado del mar. En la costa, el ebanista agradeció al*
*delfín quién le dijo que su hijo estaba cautivo en un castillo, a dos*
*días de viaje. Cuando el hombre llegó al castillo, encontró que su*
*hijo era el prisionero del mago de un viejo rey, que al no tener un*
*hijo propio, lo había hechizado.*

Para un hombre de modales suaves, el final fue impactante:

*El ebanista se presento ante el viejo rey y le exigió que dejara a su*
*hijo en libertad. El viejo rey se negó. Entonces el ebanista sacó su*
*cuchillo y lo mató. Cuando esto sucedió, toda la gente celebró. El*
*niño y su padre se reunieron y vivieron felices para siempre. El ni-*
*ño se convirtió en príncipe; el ebanista y su mujer reinaron sabia-*
*mente en el castillo por el resto de sus días.*

Un año después, cuando este hombre estaba hablando sobre esta historia, dijo que estaba tratando con todas sus fuerzas de llegar a ser un
científico consumado, pero que no sentía una gran conexión con su
trabajo, y que éste lo estaba extenuando. Él había pensado que su meta era la búsqueda de la verdad científica.
A través de la imaginación, las personas son inspiradas para realizar
verdaderos cambios. Todo está vivo y tiene un alma. Podemos conec-
tarnos con nuestras almas. Esta es una dimensión de la verdad, que no
es objetiva ya que no posee un medio independiente de confirmación.
Cada cierto tiempo, este hombre volvía a recordar esta historia:

"Entro en estados depresivos que me cansan y agotan. Noto esto cada vez más. Al recordar esta historia siento cuán fuerte es mi voluntad para permanecer conectado con el asombro y la felicidad de mi propio hijo. Siento mi poder. Y también estoy absolutamente seguro de que no permitiré que nada ni nadie me separe de nuestro hijo".

> Crea una historia en la cual un rey, extremadamente trabajador, aprende a disfrutar de las alegres actividades de su familia.

> Concentra tu atención en una emoción o en una característica, tal como la codicia o el perfeccionismo. Crea una historia donde el padre está consumido por esta emoción. Puedes explorar la exageración. Libera a su hijo a hijos para que encuentren otras maneras de dirigir sus vidas.

> Imagina a un sabio niño escondido dentro de tu padre o abuelo. Crea una historia sobre este niño que debe encontrarse y adaptarse a muchas adversidades. Narra tu historia con amor y admiración por este alegre y juguetón "niño interior". Al comunicarte con estas fuerzas infantiles que habitan en tu imaginación, permite que triunfen sobre difíciles pruebas, recordando que también este niño es parte de tí.

# Hermanos

Eres una hermandad disfrazada. El "hermano mayor" del clásico cuento de hadas representa tu cabeza, embriológicamente la primera forma física que se desarrolla. El mayor está ansioso de llegar a ser un individuo fuerte. Sin embargo, invariablemente en la antigua tradición, las limitaciones de este orgulloso y energético aventurero salen a la luz. Él no puede por sí mismo llegar muy lejos en el camino sin meterse en serios problemas de uno u otro tipo. En el típico cuento, él rechaza la ayuda y la guía ofrecidas; incapaz de encontrar el camino que lo lleva a la realidad, él rápidamente queda atrapado en su propio egoísmo.

El "segundo hermano", que se aventura a salir una y otra vez de la corte del padre, representa la cruda voluntad. Impaciente y grosero, quiere imponer su voluntad; su corazón está cerrado, su cabeza es dura. En sus aventuras, se pierde por culpa de su actitud y de su comportamiento, y tiene que conformarse con tener menos amor y menos tierras o no tener nada en absoluto.

El "hermano menor" representa todo el tierno amor y la confianza de nuestros corazones. Él es bueno, tierno y a menudo musical. Al comienzo del cuento, este "tercer hermano" a veces se lo encuentra cantando tranquila y rítmicamente para sí mismo, o tocando un instrumento musical cerca de la cocina. Si bien él es un soñador "inocentón" o "simplón", va en busca de aventuras, al igual que sus hermanos mayores quienes ya han salido tan orgullosa e impetuosamente de los límites de la familia. Cuando Simplón sale tras los pasos de sus hermanos, él acepta a todos o a todo lo que encuentra en su camino sin el miedo, el orgullo, la impaciencia ni la codicia que domina a los otros. Se hace amigo de todos compartiendo generosamente su comida o lo que tenga para ofrecer. A menudo, recibe regalos a cambio. A pesar de los raro o inútiles que puedan parecer, los conserva con confianza. Cuando se encuentra con sus hermanos en cualquier lugar del camino, les presta una atención amorosa, aún cuando ellos se burlen de él o lo ridiculicen. Al final de los clásicos cuentos de hadas, este tercer hermano es el que conquista a la auténtica princesa y al reino donde gobernará junto a ella. La sabiduría, el amor y el gozo han guiado su camino. Gracias a su liderazgo amoroso, los otros hermanos a menudo pueden encontrar una mejor forma de vida para ellos mismos.

Aún en un breve y simple cuento sobre tres hermanos, que sigue viejas pautas, pueden escuchar como sus corazones se van abriendo. El "Simplón" vive dentro tuyo, en el deseo de tu corazón de salir abierta y alegremente hacia el amor y la aventura. Los pensamientos y los deseos de un corazón duro conducen por caminos errados, sin la presencia de esta persona sabia, valiente y tierna. Tanto en el mundo de los cuentos como en la vida real, tu "Simplón" transforma todos los obstáculos, amenazas y desafíos en energía positiva.

Imagina tres hermanos, cada uno con una relación diferente hacia el trabajo y hacia el placer. Presta mucha
atención para mostrar las virtudes de la bondad, la generosidad y la felicidad de Simplón. De esta manera
clásica, permite que este "tonto"hermano redima a los
otros dos en el transcurso de la historia.
Cualquiera sea el orden de tu nacimiento en tu familia,
salir del sentido habitual de ese orden a través del poder de la imaginación, es como flexionar músculos
acalambrados. Crea una larga historia sobre tres príncipes que salen en busca de aventuras. El primero posee una mente muy fuerte. El segundo tiene una
voluntad de hierro. El tercero posee un corazón abierto y amoroso. Deja que el primer, el segundo y el tercer
hijo aprendan el uno del otro, encontrando una mayor
armonía y equilibrio en sus vidas.

# Hermanas

El trío femenino en la sabiduría de los cuentos clásicos es a menudo
personificado como dos crueles y descuidadas "hermanas mayores",
que deben transformarse o morirse, y la tercera hermana. Puedes ver-
ter tus propias imágenes de la historia dentro de éstos patrones universales, confiando en que funcionará bien. Las hermanas mayores son
entidades cuyas travesuras y dureza se contrastan con las dulces profundidades de la "niña puro corazón". Las dos primeras se representan
como personas mayores y es alrededor y a través de sus enojos opresi-
vos, sus celos y sus vanidades que la "más joven" espontánea y vulnerable puede encontrar su camino. La más joven es a menudo
representada como una sirvienta oprimida, como la criada de las otras
hermanas; hija de una madre cruel que, al igual que sus otras hijas, no
comprende ni la suavidad ni las formas dulces de la más joven y sensible. Esta "hijastra", entre estas malas mujeres, es la princesa que vive
dentro de todos nosotros, quizás sentada sobre las cenizas de nuestro
auto rechazo, como la Cenicienta, hasta que reunió la suficiente clari-

dad y la confianza para asistir al baile de su verdadero amor. La envidia, la ira, el orgullo, la pereza, el ridículo y la vanidad en los grandes cuentos clásicos siempre salen perdiendo frente a su realeza natural.

Esta "hija menor" o a veces la primogénita, fruto de un matrimonio mejor, a menudo ha sido caracterizada como de una belleza extraordinaria, más que una belleza terrenal común. A veces, en la tradición de los cuentos, se viste con ropas hechas con la luz de las estrellas, el sol y la luna, y baila con piecitos sobrenaturales. Desde los elevados reinos del alma, junto con los más profundos principios espirituales en el universo, encuentra el camino hacia el amor terrenal y a la realización. Al final del cuento de hadas clásicos, las otras dos hermanas y la densa e incomprensiva madre participan de la boda de la más joven. A veces, gracias a su belleza y éxito en el amor, ellas se han suavizado un poco; otras veces siguen siendo las mismas, y rechazan, aún en medio de la gran alegría general, el camino más elevado hacia la sublime realización. A medida que personifican a la hermana digna, que pacientemente anhela con devoción al verdadero príncipe del amor, ella sobre todo será una imagen de la voluntariosa disciplina y de la sabiduría de la naturaleza de tu propio amor. A medida que tu doncella pura avanza a través de muchas pruebas para encontrar el amor que está buscando, ella es un aspecto de tu alma, y de todas las almas.

Crea una historia acerca de tres hermanas que se ayudan una a la otra a enfrentar una gran búsqueda En el camino, se encuentran con una familia en la cual la hija menor es oprimida, tal cual el modelo clásico de la Cenicienta, consumida por las tareas cotidianas y el abuso. Sin embargo, el coraje y las aspiraciones se mantienen vivas en ella. Las hermanas unidas invitan a la menor para que las acompañe en su viaje. ¿Acepta ella su invitación? ¿Por qué sí o por qué no? Si acepta, ¿qué efecto produce esto en la familia que deja atrás? Confecciona tres títeres femeninos para actuar y para representar los tres arquetipos de hermanas. Puedes también representar una madre buena y una malvada.

# Malvadas brujas

El conocimiento de lo malo fortalece el poder de lo bueno dentro nuestro. Terroríficos obstáculos y el poder para superarlos son los temas de muchos cuentos clásicos importantes. Las malvadas hechizeras son a menudo representadas con ropas oscuras: son extremadamente feas o cruelmente bellas, celosas, orgullosas, insaciables y criminales. Despiertan el asombro y el terror y una cierta alegría salvaje, tanto en niños como en adultos. Se trasladan con tremenda energía usando escobas encantadas u otro tipo de magia, a través del tiempo y del espacio, y entretejen hechizos escandalosos. Los palacios o las casuchas donde viven ejercen raros y atrayentes designios sobre cualquiera que se anime a entrar. Los poderes de expresión, de pensamiento, o de amor se pueden perder allí, la libertad humana se transforma en indignidad primitiva o en obediencia ciega. Con pocas palabras, son capaces de cambiar los paisajes y de convertir a robustos seres humanos en estatuas o en animales primitivos. La ira de las brujas malas es extremadamente ardiente, sus apetitos no tienen límites. No les interesa la bondad, ni la moderación ni la justicia, pueden beber lagos enteros y tragarse niños de un bocado. Tienen una atracción fascinante y catártica para cualquiera cuyos impulsos de vida hayan sido demasiado restringidos; entonces, estos impulsos, dentro de los límites seguros que provee la historia, necesitan ser drenados sin conciencia, transformándose en ira, deseo, movimientos salvajes y un terrible egoísmo.

Las brujas malvadas de los cuentos clásicos son infaliblemente burladas por los de buen corazón que, por casualidad, encuentran en su camino. Vasilisa[1] la bella, una niña-bruja de los reinos de la moral, se libera de Baba Yaga por prestarle atención a las necesidades de los sirvientes de la bruja. Gracias a su bondad, ellos la liberan de las arduas tareas de la bruja. Al perder a su víctima, una bruja puede regresar a su choza tenebrosa en el bosque sombrío, a la espera de una oportunidad de hacer otra de sus maldades. O puede morir en las mismas llamas y tormentos que había diseñado para otros.

La maldad femenina puede estar al acecho en el reino de tus historias.

Sin embargo, por las sabias leyes de la tradición de los cuentos, el bien será liberado de esa malicia, a veces por su propia voluntad de hacer lo correcto, o a veces por un misterioso poder que viene a su ayuda. Cualquier tipo de compulsiones oscuras en tu propia naturaleza, la ignorancia intencional, la avaricia, la pereza, la envidia, los celos, la ira, la venganza, pueden ser transformadas simbólicamente a través de la sabiduría de tu propia imaginación.

Una de las maneras en que he logrado comprender el lado oscuro de las mujeres es a través de los talleres de confección de títeres. A menudo, las mujeres sensatas y amables deciden confeccionar brujas, y coserán y bordarán sus horribles rostros durante horas, con enorme diligencia. Nuestra imaginación creativa es una gran fuente de equilibrio y de sanidad en muchos niveles. Una hermosa mujer que usaba anteojos muy gruesos, bordó los ojos de su bruja con magistral cuidado, utilizando todos los colores del arco iris.

Yo me sentía aterrorizada cuando decidí sentarme a escribir mi primera historia sobre una bruja. En ese momento estaba muy enojada sobre muchas cosas que me habían sucedido durante mi infancia, y sabía que podría comprender muchísimo mejor aspectos de mí misma si eliminaba mi ira a través de una oleada de imágenes. La bruja de mi cuento era horrible y sutil...

> *Cuando reía, crujía, y por años ni un alma sobre la tierra lo supo. Casi siempre vivía en el lado opuesto de un abismo vacío. Masticando unas frías piedras, ella completaba sus parrandas caóticas de amargo odio y furia. Una noche, llegó a un pueblo, disfrazada de digna anciana, con aire de inocente curiosidad.*

Pronto me di cuenta de que ella venía a cumplir una terrible misión y que estaba empeñada en dar su "golpe favorito". A través de una dominación inteligente, transformó a una familia muy creyente en Dios, en una familia adormecida y confundida. Mientras escribía y atravesaba por los terrores de mi infancia, pude percibir alguno de ellos con nuevos ojos. Sentí una ternura protectora hacia mí misma cuando niña, especialmente cuando en el cuento cumplí los doce años. Yo quería de-

cirle a la niña en mi cuento todo lo que necesitaba saber para protegerse de los designios de esta bruja, pero no podía llegar a ella. Parecía
atrapada en la historia. Sin embargo, a medida que continuaba escribiendo, ella encontró su camino, a través del matrimonio, hacia un salón repleto de la belleza y la fortaleza de las grandes religiones del
mundo. Sentí alivio cuando me encontré a mí misma escribiendo:

*La música emergía a través de los cristales, y al final del extenso
corredor, una única vela esparcía luz a través de todo el espacio.
Frente a la luz, había un altar de piedra azul transparente. A pesar de estar maravillada y sobrecogida por la intensidad de este
lugar, la joven mujer de repente se sintió en su hogar, allí, mucho
más que lo que nunca había sentido en ningún otro sitio durante
su corta vida. Ella se sentía atraída hacia el altar. Aquellos que
estaban parados detrás del altar tenían el poder de diluir toda
maldad. Cada uno era un emisario.*

Mi cuento terminó allí. Sin embargo, había cumplido su objetivo para
mí. Había mirado en mi interior; estar en comunión con los designios
oscuros de la "bruja" me había llevado hacía una verdadera revelación.

Nombra y describe varias brujas malas. Describe sus
propósitos y sus placeres. En una historia, crea un niño o niños sabios que pueden burlar todos sus planes
siniestros.

Narra la historia de un verdadero príncipe y princesa
que son capturados en la guarida de una bruja, y sobre
el trabajo y el hastío que experimentan allí. Luego, encuentra la manera de liberarlos. Cuando Gretel empujó a la bruja adentro del horno, ella sabía lo que estaba
haciendo.

Algunas de tus fortalezas y habilidades están latentes,
como bajo el hechizo de la bruja. Otórgale voz a esta
bruja que habita en ti y escucha cuál es su ardid. Ella es
una parte tuya y sólo perderá poder cuando tú des-
piertes de su encantamiento.

## Magos y hechiceros

A través de la fascinación, el asombro y aún el terror, cualquiera que esgrima poderes mágicos libera nuevas energías dentro de una historia. Encantadores, bondadosos y benévolos brujos o magos, a menudo pueden ver profundamente el pasado, el presente y el futuro. Pueden sentir la llegada y la identidad de sus visitas antes de que ellos lleguen a sus cuevas o torrecillas, y pueden brindar sabios, aunque crípticos, consejos y advertencias. A veces hablan en versos o con lenguaje y gestos antiguos. Si bien son representados como viejos y experimentados, como Merlín, con características fuertes, algunos suelen mostrarse jóvenes. El fundador del Universo en "La Llave de Oro", de George Mac-Donald, se muestra como un bebé recién nacido.

La vestimenta de los magos puede ser rústica y fuera de lo común para poder diferenciarse; sus hogares podrían situarse en caminos solitarios, cerca de senderos en las montañas, o en los claros de profundos bosques. En la tierra de las historias, al igual que en la vida real, estos hechiceros o gurúes clarividentes esperan por aquellos que buscan nueva, profunda y elevada comprensión sobre sí mismos y sobre el universo. Los buscadores permanecerán con ellos por una temporada, perdiendo su sentido del tiempo y del espacio, hasta que habiendo aprendido las lecciones y recibido los regalos necesarios, avanzan hacia mayores aventuras.

Los maestros-magos benévolos brindan al aventurero exactamente el nuevo ímpetu que éste necesita. Los magos caprichosos y malintencionados, al igual que sus homólogos femeninos, echan su maleficio sobre los jóvenes aventureros y sobre reinos, bosques y valles enteros. A menudo se los encuentra confabulando para extender sus poderes limitados hacia reinos hasta ese momento felices. Sus despreocupados invitados, de repente, pueden ser convertidos en formas repugnantes o verse envueltos en situaciones complejas que alteran sus vidas. Si los magos están deseando ser liberados de la carga de la maldad en sus propias vidas a través del amor verdadero, sus maleficios podrían recaer sobre familias y reinos enteros, por años, hasta encontrar la fuerza para iluminar su fealdad y poder destructivo con la verdad del amor.

El mundo de tu historia es un teatro para tu vida anímica. Puedes, con mucho coraje e intención, crear un espacio en tu imaginación donde los personajes podrían ir para ser sanados y ayudados por un benévolo sabio. Puedes también, intencionalmente, dar lugar para que trabajen los magos negativos, para que tú y tu audiencia puedan reconocer, en el mundo real, los muchos disfraces del mal. Las personas y los lugares que están bajo un hechizo, seres humanos convertidos en animales o piedras, espíritus rebajados a la ineficiencia o capturados en oscuro cautiverio, muestran aspectos de ti mismo, o de otros, que pueden ser transformados de manera positiva.

La siguiente obra de títeres fue creada por dos imaginativas niñas de diez años, en un taller de narración después de clases, de una escuela pública, cerca de mi casa. Una de las niñas, que actuaba de narradora, era descendiente de irlandeses y tenía un don especial para conectar su visión interior con el discurso poético. Su obra se llamaba "La Cueva de los Pozos".

*"Estos pozos son el mundo" declamó la narradora, con un gran gesto sobre el escenario. Habían colocado telas azules y grises sobre las patas de unas sillas dada vuelta sobre un escritorio. "Estas son las Cuevas de la Miseria y las Cuevas de la Alegre Felicidad. Todas las cuevas son variaciones de éstas. Yo soy el gnomo que cuida estas cuevas. Si ustedes entran a la Cueva de la Miseria, se sentirán apagados, o sólo sentirán una bóveda de neblina pegajosa... ¡Oh, un golpe! ¿Qué es eso?"*
*Un mago malvado entró en escena: "Te dije que este era un trabajo difícil", murmuró el gnomo escondiéndose y así protegerse de sus malas intenciones.*
*El mago tomó posesión de las Cuevas. "Já", dijo, "tomaré todos los pozos de la Miseria y la Felicidad y los mezclaré. Luego recogeré esa confusión. Tengo toda la magia que necesito. ¡Já! Ahora soy el gobernante de la tierra. Nadie reirá jamás".*
*Un buen y joven príncipe quiere librar las Cuevas del mal. El entra en secreto: "Debo mantener una mente y un corazón fresco*

*para que el mal no me devore. Sólo existe una manera de salvar al mundo. La única esperanza está en el Collar de la Alegría, que está enterrado. Yo sé que está por aquí, en algún lugar, quizás sobre este seco mar. ¡Oh! sombría confusión, no debo morder ni un poquito, ni beber un traguito, para que no me devore el mal".*

*La narradora sacó otro títere y dijo: "Este niño salió del bosque oscuro, y fue enceguecido por la luz. Cayó en los Pozos y fue engullido por ellos".*

*El niño y el príncipe bueno se reunieron susurrando: "Oh, este es un lugar confuso. Soy un niño pequeño. Fui criado por los animales. Espero que pueda confiar en ti, Príncipe. Tú no eres ignorante como estos otros que están cautivos en la confusión".*

*"Juntos buscaron y buscaron el Collar de la Alegría, de un Mundo Feliz y Viviente", continuó diciendo la narradora.*

*"El collar es nuestra única esperanza" dijo el príncipe. "Oh, tengo tanto hambre, tanta sed. Los días y las noches han pasado... Ah!, la Cueva... Shhh... el mago podría verme. Parece que ahora puedo salir. Ah, he encontrado un collar de arco iris. ¡Es el Collar de La Alegría de un Mundo Feliz y Viviente! ¡Mira, la niebla se ha disipado! Ahora, que se disipe toda maldad".*

*Entonces, el malvado mago gritó: "¡Ah, tengo toda la magia!".*

*"Toda ¡pero no la nuestra!" contestaron el niño y el príncipe.*

*La narradora dijo: "La maldad se disipó. El mago malvado también comenzó a disiparse, pero se cayó, porque la maldad pesa. Entonces, la Luz regresó a la Cueva de los Pozos, sobre el seco mar, tan pesado, tan caluroso", continuaba la narradora con una voz baja y poderosa. Su compañera del drama desplegó una tela brillante sobre las tenues.*

*"Ahora deben cuidar siempre estos Pozos mágicos", dijo el gnomo al niño y al príncipe. "Les mostraré cómo hacerlo".*

Estas niñas habían desarrollado un drama metafísico que me emocionó hasta las lágrimas. Una vez más me marravilló el tremendo coraje y la sabiduría que brota de los niños cuando se provee un lugar seguro y creativo para que se expresen. Por supuesto, los títeres y las sedas de hermosos colores ayudaron para que estuvieran en contacto con su ser más profundo.

Un adulto puede desconectarse fácilmente de esta profunda sabiduría, por las muchas variantes de la astucia y la confusión. Sin embargo, cuando se les da una pequeña oportunidad, el sabio niño interior puede interpretar grandes dramas, como lo hicieron estas niñas.

Tuve el honor de crear una historia de cumpleaños para Matilde, una niña primogénita de siete años, llena de energía, que amaba el bosque. Su madre me pidió que su cuento fuera muy imaginativo porque temía que la niña estaba siendo demasiado literal y pragmática. El cuento era sobre un hechicero; la heroína se llamaba "Princesa Estrellita" y era la hija menor del buen rey y la reina. Ellos tenían muchos hijos.

*La princesa Estrellita rogaba asistir a la mayor cantidad de fiestas y celebraciones para hacerlos más brillantes, con las flores que había comprado y con las velas que había decorado. Muchas lunas pasaron sobre los techos del palacio, mientras ella crecía en edad y en valentía. Un día, cuando casi había llegado a cumplir siete años, un mensajero dijo con tristeza: "Si no se hace algo de inmediato, el bosque real dejará de existir, y el hechicero del páramo morirá". "Oh", sollozó la reina, estrujando sus manos.*
*"Debo llamar a un consejo", anunció el rey, acariciando su larga barba blanca. Cuando llegaron los mejores consejeros, el rey dijo: "Mi joven princesa, ahora de ninguna manera, puedes salir de tu habitación. Los tiempos son difíciles y no podemos ser importunados". Al decir esto cerró la pesada puerta del lugar.*
*La princesa Estrellita, quien era una verdadera princesa y obediente de corazón, frunció el ceño y caminó lentamente hacia su habitación. Allí se sentó, por un largo tiempo, apesadumbrada. Tiró un zapatito rojo contra su puerta, luego otro. De repente, un ratoncito marrón que llevaba un pequeño sombrero verde, se escabulló hasta sus pies.*
*"Sígueme", chilló con timbre musical. "Sígueme hacia el páramo del hechicero". La princesa Estrellita no podía creer lo que veía y escuchaba. "Sígueme", repitió él.*
*"Pero no me está permitido ir sola al bosque".*
*"Yo te protegeré. Ven conmigo al árbol del hechicero. Es su deseo y su decreto", chilló el ratón.*

El cuento continuaba, y fue así que la princesa se encontró con el viejo hechicero del bosque, cuya vida había quedado confinada a un árbol hueco, del que no podía encontrar las fuerzas para salir.

*"¿Qué debo hacer?", preguntó ella voluntariosamente.*
*"Siéntate y te diré" Aunque la princesa Estrellita no quería sentarse, obedeció de todas maneras. "Cuando era joven, aquí abundaban los pájaros que cantaban sus canciones; todas las hadas del norte, del sur, del este y del oeste acudían a mi llamado con sus alas, brindando ayuda, y con sus invisibles cantos. Árboles de todo tipo podían crecer. Ahora, el bosque está muriendo, y ya no puedo hacer mi trabajo yo solo". Él hizo una pausa y la miró intensamente por un largo rato, hasta que ella se sintió incómoda. "El ratón me ha dicho que eres buena con el canto y con las celebraciones."*
*"Oh, sí" dijo ella entusiasmada.*
*"Bien", dijo él. "Pensé que estarías dispuesta a ayudarnos". Ella asintió con determinación. "Debajo de este árbol está mi piedra de llamada".*

A medida que seguía el cuento, la princesa clamó por ayuda con su fuerte voz humana. Mientras ella cantaba, los ayudantes se reunieron en círculo, festejando a su alrededor.

*"Cuando tengas una piedra de llamada y cantes con amor en tu corazón, aunque no me veas, estaré cerca", dijo el hechicero del páramo, "y mis hadas del bosque y mis gnomos estarán cerca de mí". Él le conto diferentes maneras en que ella y sus hermanas y hermanos podrían ayudar a sanar el bosque, y animar a los árboles a florecer nuevamente.*
*Luego, el hechiceroo desapareció...y el ratoncito marrón con el pequeño sombrero verde dijo, como si él mismo hubiera aprendido la rima del mago del páramo: "Princesa Estrellita, tan paciente y tan honesta. ¡Sígueme rápido! ¡No me pierdas de vista!" Y él la guió de regreso por lugares espinosos, por espesuras, sobre troncos y ramas caídas, sobre las grandes praderas abiertas, y nuevamente a la habitación del palacio.*

*Desde ese día, la princesa Estrellita llevó muchos niños al bosque. Les mostró cómo quedarse quietos y esperar el delicado baile de la hadas en todas las estaciones, y a cantarle a los gnomos que trabajan bajo la tierra. A partir de entonces, el bosque se llenó de todo tipo de vida silvestre...*

*Cuando la princesa Estrellita creció, y ya habían nacido sus propios hijos, con estrellas brillantes en sus ojos, ella todavía iba al páramo del hechicero, para escuchar, para observar y para enseñarles a cantarle al hechicero, quien, según se cuenta, ya nunca necesitaría morir. Y todos los años de su reinado se realizaba un gran festival en honor del Hechicero del páramo y de todos los de su especie.*

Imagina al mayor adversario en tu vida como un mago malvado. Describelo con unos pocos detalles. Ahora, crea el personaje que pueda circunscribir el hechizo del mago. Enfréntalos en una historia que no dure más de siete minutos. Asegúrate de trabajar con un compañero que te ayude a escuchar tu propia historia mientras la relatas. Continúa hasta que se rompa el hechizo. Narra una historia sobre un mago bueno que ha perdido sus poderes, porque los seres humanos ya no lo respetan. Una buena fuente de inspiración es "La historia interminable" de Michael Ende.

## Tramposos y bromistas

Tradicionalmente, los "tramposos" son más listos que cualquiera. Son combativos y competitivos, como un cachorrito de perro o de león, inspiran un sentido de la salvaje y hasta cósmica bravuconería. El juego "sacar lo mejor del otro, de cualquier modo, para bien o para mal" no es necesariamente edificante. A veces se meten en aventuras locas y fracasan; pero aún así, se mantienen excesivamente orgullosos de sus hazañas, y si fuese necesario, se jactan en voz alta alardeando para esconder sus fracasos. Cuando en los cuentos, los frágiles seres humanos sufren o son amenazados, se acercan a estos burlones para recibir ayuda. El cuervo de los indios de la costa noroeste del Pacífico es como un dios, a veces capaz de cualquier cosa; pero es también imperfecto y el origen inocente de las imperfecciones terrenales. Siempre enfrenta los dilemas o las luchas con valentía. Muy seguro de sí mismo, avaro y desconsiderado, a veces las cosas le son difíciles, pero al final su determinación y sus poderes poco comunes prevalecen.

Los bufones de los cuentos, entran y salen de la sombra de los soberanos del relato que cumplen funciones dignas y deben mantener una postura de contención "sabia". A través de su lenguaje salvaje y juguetón, sus burlas, sus canciones, sus danzas y sus caprichos, ellos aportan energías traviesas a la historia, y abren perspectivas juguetonas en todos los personajes y los eventos del cuento. Un bromista, puede intercambiar roles con un rey o con una princesa, para darles la oportunidad, por una vez, de cantar o de bailar sobre la grama silvestre.

Puedes buscar en tu interior al tramposo que tiene la voluntad de luchar contra cualquier oposición y de sentir una creatividad y un orgullo sin límites. Su cruda energía desafiará tus propios límites. También puedes invitar al bromista juguetón al mundo de tus historias, quién con desenvoltura, desenmascarará cualquier esceso de cordura en los personajes por ti creados.

Imagina el obstáculo más grande para tu salud y bienestar. Vístelo como uno de tus personajes y otórgale un nombre terrible y escandaloso. Ahora, descríbelo con algunos detalles. Por ejemplo: ¿Cuán grande son sus pies y su boca? ¿Cómo se mueve? ¿Cuál es su gesto favorito? ¿Qué tipo de sonidos realiza? Exagera libremente algo en particular o todo. Luego, crea un tramposo que sea más listo que el obstáculo. Describe este tramposo en detalle. ¿Cómo logra salirse con la suya?.

En la corte de un serio y magnánimo rey o reina, crea un bufón o un clown que se burla de sus serios u orgullosos rituales. Cuando los poderosos gobernantes quieren ir a la guerra, ¿con qué travesuras los entretendrá tu bufón?

# Cocineros

Tu eres un hijo de la tierra que debe ser alimentado para poder vivir. El dar y recibir comida y bebida en los cuentos puede mostrarte alimento de muerte y alimento de vida: negación, avaricia y sabia disciplina; comidas de polvo y hambruna; festines de luces de estrellas y del más puro amor. Los cocineros de los cuentos, jóvenes y viejos, hombres y mujeres, se entretienen con elementos del reino de la naturaleza. Debido a su tarea, un pez o un ave pueden saltar y hablarles. A menudo son representados de buen humor y muy bien alimentados. Un valioso cocinero provee exactamente lo necesario al exhausto viajero.

La mujer sabia en "La Llave de Oro" de George MacDonald, es de aquellos que, cuando ofrecen pan, vino o leche, están suministrando un sacramento de sanación. Un cocinero podría poseer la sabiduría de un ángel, y en un abrir y cerrar de ojos, ofrecer los nutrientes perfectos. Un cocinero no tan bueno podría ofrecer comida que daña la inocente y luchadora alma que se encuentra en el centro de la historia. Por ser un poco tonto, o quizás por tener alguna intención de hacer daño, este cocinero o proveedor de alimento, podría tener un destello malvado, como el de la celosa reina que ofrece la manzana envenenada a Blancanieves, y como la bruja en el cuento de "Hansel y Gretel".

El fuego de la cocina puede ser un espacio de ideal comodidad y nutrición. El "tercer niño" de los clásicos cuentos de hadas, cuyo corazón es fuerte y puro, a menudo se lo caracteriza en íntima conexión con este sustituto de madre: la cocina, fuente segura y continua de calor. A diferencia de las cocinas eléctricas modernas, las antiguas siempre se mantenían encendidas. Pero los fuegos de las cocinas también pueden convertirse en una amenaza terrible, como en la casa de un gigante o de una bruja, donde los niños podrían ser cocinados y comidos.

En el comienzo de los cuentos, como en la vida real, un niño está completamente a merced de otros para su nutrición. Poco a poco, esta indefensión se supera. A veces, un niño llega a ser el asistente del cocinero en un cuento. Aprender a seleccionar, a preparar y a servir la comida, despierta la conciencia y el discernimiento en otros aspectos de la vida. Allerleirauh aprende a cocinar una sopa sublime para que su verdadero amor la pueda reconocer. Cuando Gareth sirve al Rey Arturo y a su corte, como asistente de cocinero, en realidad se está preparando para otras tareas y desafíos.

A menudo, un personaje debe aprender a rechazar la comida por un tiempo, y así practicar una austeridad que otrogra una liberación particular. En el antiguo relato inglés "Childe Roland", el hijo menor recuerda la advertencia realizada por Merlín, de no aceptar comida en la Tierra de los Elfos; y es así como él gana la batalla con el rey Elfo y regresa a la vida a su querida hermana y hermanos. Comer es, a menudo, como ser encantado, incluso hasta podría conducir a la muerte, a no ser que se coma el alimento correcto bajo las circunstancias apropiadas. Aprender a tener este tipo de control propio para realizar tareas importantes es un tema común de los cuentos. Gracias a su auto-dominio, San Jorge recibe el poder de perforar la garganta del dragón y, de esa manera, librar de un gran sufrimiento a los reinos vecinos. Este tipo de cuentos encuentran analogías en nuestras propias almas y cuerpos, donde nuestras fuerzas pueden permanecer cautivas hasta que la disciplina y el correcto pensar sean restaurados.

> Crea la historia de un buen cocinero que siempre conoce lo que se necesita y cómo prepararlo. Las iluminadoras recetas de este cocinero pueden sorprender al cansado viajero.
>
> Crea un malvado y poderoso cocinero que debilita al rey o a la reina a través de sus malvados designios. ¿Qué castigo merece este cocinero cuando su plan es descubierto? Considera a los reyes como aspectos de ti mismo, que necesitan ser nutridos con buena voluntad y con elecciones sabias.

# Gigantes

Los poderosos y los conflictos que se presentan en las historias primitivas motorizan nuestra evolución hacia más sutiles y sabios niveles de la existencia. Las grandes y torpes zancadas, gestos y apetitos de estos monstruos y gigantes difíciles de manejar, despiertan horror y compasivo humor. Sus enormes pies y sus manos son incapaces de realizar cualquier actividad refinada; sus apetitos son gigantescos. Las esposas gigantes están siempre pendientes de las necesidades de alimentación y descanso de sus maridos. Cuando en los cuentos clásicos se reúnen dos o más gigantes son extrañamente lentos y poco comprensivos. Ellos siempre son burlados por la picardía de los personajes ingeniosos que se encuentran por el camino, y de los que intentan mantenerse a salvo a cualquier precio. Por lo general, son representados viviendo al aire libre entre grandes árboles. Jack encuentra su gigante sobre el tallo de una planta de habas, deseando sangre humana para su cena. En "Los tres pelos de oro del diablo" de la colección de los Hermanos Grimm, el gigante es el diablo que está en el infierno. Él también, eventualmente, es burlado.

Tú también tienes en ti un primitivo glotón, que al igual que los dragones de la antigüedad, vive para comer, dormir, matar y copular. Los apetitos básicos quieren una gratificación inmediata. Su objetivo es absorber "la sangre de un cristiano" y toda avanzada cualidad humana que desafíe su naturaleza primitiva. Estos apetitos primarios son los borradores de la evolución de la grandeza humana.

Escribí un cuento sobre un gigante ya que no podía asistir a una gran marcha por la paz, y quería expresar mi preocupación. Pensé en el inmenso depósito de armamentos en el mundo y de las relativamente pequeñas iniciativas por la paz. Me intrigaba lo que los líderes y trabajadores de fábricas de armamento podrían vivenciar si se enfrentaran con este grupo de dedicados amantes de la paz. ¿Qué habrá sentido Goliath por David?, me pregunté. Tomé un lápiz y comencé a escribir. Lo hice de una manera intencional y muy pensada, a pesar de que no tenía ni idea de cómo se desarrollaría mi cuento. Releí la descripción de Goliath en la Biblia. "Ahora bien, es un largo camino de aquí hacia allá, y es un largo camino de vuelta", comencé, pero "que sea lo que sea". ¡Sí, esa era una de mis verdaderas voces para narrar historias!.

"Había una vez un niño llamado Goliath, y al principio él no era más grande que Bob o ninguno de nuestros otros niños". Pensé que quizás iba a tener la oportunidad de compartir esta historia en la escuela donde estaba enseñando. "Su madre y su padre no estaban, se habían ido a un cónclave de gigantes. Él era el menor y lo habían dejado solo, para cuidar a las cabras".

Le di a mi "narrador de historias" todo el poder. El sol brillaba intensamente y sabía que quería que la historia fuese una acción por la paz. Mientras escribía, me cambiaba de lugar para que el sol brillara sobre mi cabeza y así poder olvidar mi tenue ser.

*Goliath, el niño gigante, salió agazapado de la luz del amanecer para entrar en la choza de su familia, y encontró, entre las vigas y debajo del piso de madera, las grandes armas de su padre. "Fuera", gruñó y las sacó; había una gran lanza como un obelisco; la punta de la lanza pesaba trescientos siclos de hierro. También había una jabalina de bronce, y él se la colgó sobre su espalda.*

*Salió golpeteando sus pies planos sobre las margaritas."Estas son míseras estrellas", dijo mientras aplastaba los blancos ojitos de hada en el barro. Luego, se comió un ave cruda, plumas y todo. "Voy a conseguirme también un conejo", gruñó. "No, un buitre. No, un bisonte. Un toro salvaje. No, ninguna de ellos son lo suficientemente grandes para mí. Saltaré al sol", dijo. "Sólo tengo que esperar hasta que esté lo más alto posible. Cuando ya no pueda llegar más alto, lo tendré con todo su fuego, lo bajaré y tendré sus cenizas aquí, en mi mano. Luego lo enterraré en el jardín de mi padre". Este niño gigante era un poco loco.*

*Entonces, se sentó a esperar que el sol se levantara. Y mientras estaba sentado, su cabeza se inclinó hacia un lado y sus hombros también cayeron; luego, lentamente, sus párpados gorditos se rindieron en la tierra de los sueños. En sus sueños vinieron monstruos grasosos con huesos rojos ente los dientes y ninguna bondad, y bailarines sin forma, y luchadores sin brillo en sus ojos. Pero al final, en el último rincón oscuro de su sueño, apareció un muchacho alto, flaco y encantador. "No", gimió Goliath en su sueño.*

*El muchacho era dorado, con rulos espiralados sobre su cabeza. Entonces, David salió de las montañas en los sueños de verano de Goliath. Los brazos del David de los sueños eran una lira de oro y su garganta era toda canción. Lo que cantaba era cálido, sabio y más fuerte que la muerte.*

Allí supe que quería finalizar la historia. Se estaba escribiendo sola, y yo estaba expresando mi esperanza y mi creencia de que dentro de cada fabricante de armas habitaba un profundo anhelo de paz.

*Goliath, en su sueño, vomitó pájaros muertos. Luego se levantó. Las armas de su padre estaban a su alrededor, horribles. Y el deseó canciones. Su propia garganta era como una disfonía, pero ahora él sentía sed por canciones y por la belleza del canto...*

*Anduvo como un loco por las montañas de Gath. Y cuando su padre lo encontró, lo ató con sogas, lo apaleó y golpeó hasta el desmayo; así el hermoso sueño de la bella bondad y de la paz se disipó, el joven Goliath olvidó la nueva gloria de la luz.*

Cuando escribí el último párrafo, sentí que tenía una ventana en los corazones de los fabricantes de armas del mundo. Si Goliath hubiese aceptado su propia visión, ¿podría haberse encontrado a David de otra manera? El proceso de escribir la historia me ayudó a ver la importancia de cultivar la imaginación en la narración, para poder manejar lo que de otra manera no podría entender.

**Crea una historia en la que tres gigantes son vencidos por un héroe o una heroína. Permite que los gigantes personifiquen algunos de tus peores miedos sobre la**

naturaleza humana. Puedes pedir ayuda de todo tipo
en el mundo de tus historias. ¿Qué les ocurre a los gigantes cuando han sido burlados o destruídos?
Narra la historia de un niño gigante que vive en el
mundo de los gigantes, pero que a veces se anima a ir a
lugares de dimensiones normales.
Encuentra similitudes entre armamentos modernos,
reptiles gigantes prehistóricos y gigantes mitológicos.
Coloca un grupo de sabios niños que los enfrenten y
los venzan.

## Gnomos y enanitos

En muchas historias antiguas y en tu propia imaginación puedes encontrar astutos trabajadores debajo de la tierra. A estos espíritus de la
naturaleza no les gusta ser observados por ojos humanos. Tradicionalmente masculinos, ellos son ferozmente protectores y territoriales. Visitan el reino humano durante la noche y son capaces de realizar
trabajos sorprendentes en relación a la tierra y a sus sustancias primor-
diales. Sus pensamientos son entusiastas y destellantes como piedras
preciosas; al ser provocados pueden ser despiadados y destructivos.
Algunos enanitos tienen el poder de realizar grandes conjuros sobre
las piedras, la tierra y también sobre los que visitan sus reinos. Aún
cuando estos seres elementales están confinados a los intensos territorios magnéticos de la tierra y son responsables por ellos, han sido re-
tratados, en los cuentos, como seres que anhelan el contacto y la
cooperación humanas.

Cuando la princesa Blancanieves se extravía y llega a la casa de los
enanitos en la montaña, ellos perciben sus puras y radiantes cualidades
humanas, y es así aceptada en su círculo protector. Como grupo, los
siete enanitos experimentan las influencias de las esferas planetarias
aunándolas: Marte en las cualidades del hierro, Venus en el cobre y Sa-
turno en el plomo. Entre ellos, la princesa blanca como la nieve, es un
perfecto cristal que transparenta la naturaleza humana femenina y re-

fleja así la promesa del armonioso amor humano. Cada uno de ellos le da su amor lo mejor que puede, hasta que ella crece para aceptar como su esposo a un príncipe verdaderamente humano.

Los enanitos a veces anhelan adueñarse de los seres humanos, como si éstos fueran joyas preciosas, por eso los humanos deben ser más listos que ellos. El solitario anhelo del enanito marginado está ejemplificado en el cuento de Rumplestiltskin: un alquimista elemental que tiene el poder de convertir la paja en oro. Su naturaleza peculiar ha dominado el deseo por el oro terrenal, sin embargo, debe vivir aislado, como una vieja liebre o un zorro, anhelando la dorada calidez del amor humano. Cuando la fuerza de voluntad de la reina se ha desarrollado lo suficiente para reconocerlo, Rumplestiltskin desaparece nuevamente bajo la tierra.

Puedes permitir que los retorcidos, brillantes y antiguos protectores de la tierra adquieran rostro y forma en tus cuentos; allí podrían continuar manifestando el poder para transformar y ayudar a la tierra, y también a tus tesoros interiores. Donde percibas el sutil entretejido de su naturaleza con la tuya, permite que tus personajes se vuelvan más valientes, claros y despiertos, como la reina en "Rumplestiltskin".

> Imagina un gnomo o un grupo de gnomos como guardianes de un lugar que conoces y amas. Deja que el personaje que imaginas se torne real para ti. ¿Qué crees que a él le gustaría que tú supieras?¿Por qué no se muestra? Imagina un conjunto de enanitos buenos que están confundidos por el comportamiento humano, y se han escabullido bajo tierra. ¿Qué rituales podrían idear con el fin de continuar su labor de protección de los metales preciosos, las piedras y la tierra "común"? ¿Podrían estar interesados en obtener ayudantes no terrestres?

# Hadas

Entre los muchos habitantes misteriosos de paisajes reales y de los cuentos, están los seres elementales llamados "hadas" o "devas"[2] que alientan y defienden las delicadas vidas de las plantas. Aunque las mentes modernas se pueden resistir a aceptarlas, son innumerables los cuentos que han tratado y seguirán tratando las sutiles interacciones entre el reino de las hadas y el de los seres humanos. Inaudibles e invisibles para nuestra habitual mirada humana, estos pequeños emisarios despiertan gran interés en los niños pequeños. Para ellos son "reales", hasta que el escepticismo de los adultos las disipa. Ellas cantan y bailan en forma ascendente hacia la luz, y se congregan alrededor de flores, arbustos y árboles. Se las puede encontrar en la luz matinal que todo lo baña, mientras el rocío se evapora, y en las noches mientras los pétalos se cierran. Algunas sostienen los rayos del sol, tal vez para llevarlos hacia una descuidada mata de violetas u otra flor. Bailan en los cálidos vientos para acercarles calorcito a los pequeños brotes. Las hadas de la lluvia reparten rocío o chaparrones donde más se necesitan, manteniendo alejados los inclementes estados de ánimo del cielo, canalizando la lluvia en prolijos charcos y arroyos. Como hadas del hielo y la nieve, colaboran con el clima invernal cubriendo con mantas de nieve los campos, en los días engañosamente cálidos, para recordarles a las semillas que deben seguir durmiendo.

Todo el que se enamore de sus encantadores modos, puede sentir que los reinos de las hadas ejercen una ominosa atracción. Por su belleza transparente, al igual que las sirenas de los mares, tienen una fuerte influencia sobre los viajeros. Sin embargo, Ariel, el hada (varón)[3] ayudante de Próspero, en "La tempestad" de Shakespeare, tiene la suerte de haber quedado bajo el poder de este gran mago humano, que lo comprende totalmente. Ariel gana una nueva libertad a través de la obediencia a la sabiduría y a la buena voluntad humana de Próspero.

Especialmente a través de la fantasía de los cuentos, puedes experimentar la vasta y verdadera historia de la evolución de la tierra. Tienes tanto el mundo vegetal como el animal dentro tuyo. Lo que cantas y dices, cómo te mueves entre las aves y los pimpollos, las hojas y los zarcillos, todos tus gestos humanos se entremezclan delicadamente con la vida de las plantas. La realidad de las hadas vive dentro de ti. Tú también eres guardián y ayudante de la luz del sol, del agua, del viento y de los movimientos circulares de las estaciones. Puedes, con confianza, invitar a las devas al reino de tus cuentos y permitir que bailen, canten y realicen maravillas, a medida que percibas la necesidad que tienen de estar en comunión contigo.

De niña, nunca había oído hablar de las hadas de la nieve, a pesar de haber crecido en una región del estado de Nueva York, donde todos los inviernos la nieve se acumulaba de manera increíble. Pero cuando a los treinta años me mudé por un tiempo a Inglaterra, conocí a muchas personas con una sutil imaginación. Luego de unos momentos de perplejidad y desconcierto, las hadas también comenzaron a parecerme reales y posibles. El espacio inquieto de mi mente las aceptaba. Encontré una gran cantidad de libros donde ellas vivían con mucho color y convincentemente. Finalmente, el concepto de los "cuentos de hadas" adquirió una nueva resonancia e importancia pra mí.

Una jovencita que se alojaba en un albergue para niños donde yo trabajaba, cosió algunas hadas usando delicados pañuelos. Una mañana llevé uno de estos al jardín de infantes Waldorf donde yo contaba cuentos. El clima invernal inglés no era tan crudo como el que yo recordaba de mi propia infancia. La escarcha había cubierto los arbustos que se entrelazaban con cientos de hermosas telarañas. Sentí la pequeña presencia del encaje en mi bolsillo, y pensé en los rostros ansiosos de los niños. Mientras caminaba hacia la escuela nació un cuento sobre un hada de la nieve. Ya no tenía que protegerme de las peleas con bolas de nieve con mis hermanos y sus amigos. Por el contrario, en este ambiente inglés, mi relación con el sentido del frío se fue haciendo cada vez más conmovedora y compleja. Me pregunté cuál habría sido la relación de mis hermanos con la nieve, si cuando niños hubiéramos tenido un concepto vivo de las hadas.

**Suspende por un tiempo tus dudas acerca de las hadas.**
**¿Cuáles podrían ser sus verdaderos propósitos? Narra**

un cuento acerca de un hada, o un grupo de hadas, que
tienen la misión de proteger una flor, un árbol, o un territorio aéreo de los impulsos humanos destructivos.
Cuenta un cuento sobre un niño que descubre el reino
de las hadas, y cómo él o ella protegen este hallazgo.

# Elfos

Un elfo tiene una presencia aérea como el sonido de una flauta, aunque
viva con sus pies en la tierra. Los elfos son espíritus juguetones de la
tierra, que se mueven con alegría de corazón en el mundo humano, parecido a los cachorros o gatitos, pero con mayor inteligencia y propósito. Son capaces de penetrar pequeñas aberturas en los árboles, los
castillos, las casas y los graneros. Ajenos a la fuerza de gravedad, algunas veces cruzan la línea, adentrándose al reino de las hadas, y despliegan allí sus alas.

Sus zapatos y sombreros tienden a convertirse en ligeras plumas juguetonas. Los niños de pisadas livianas, de rostros con gestos dulces y tra-
viesos, y con escasa relación con la fuerza de gravedad, parecen haber
surgido de los verdes reinos de los duendes. Estos niños son capaces de
mimetizarse con sus travesuras en los bosques, los prados y en los alrededores de casas abandonadas. Los elfos les pueden enseñar sus alegres rimas y ritmos juguetones.

En los cuentos el lenguaje de los elfos es como la luz y la sombra; al
igual que sus juegos y sus escondidas, su sigiloso dar y recibir, retratan
las interminables y rápidas interrelaciones que se dan en las pequeñas
sombras marrones y verdes que se entretejen en nuestro entorno natural. En lo profundo de los bosques, prados, y en tu corazón, ellos es-
conden sus sutiles intenciones. Puedes sentir el anhelo que tienen de
salir a jugar, sabiendo que están siempre listos en la juguetona sustancia de tu historia, para volverla rápida, alegre, ingeniosa y traviesa.

En la campiña inglesa empecé a sentir muchas presencias invisibles.
Un día de primavera, inspirada por la imaginación de los niños del jar-

dín de infantes de una escuela Waldorf, cosí un pequeño elfo. No sabía exactamente cómo sería su historia. El elfo fue conmigo a la escuela, dentro de mi bolsillo. Al final de la mañana, como una narradora principiante, me senté en la silla dorada para contar cuentos, mientras los niños se reunían a mi alrededor. El cuento fue una sorpresa tanto para mí como para los niños. Y comenzaba así:

*No muy lejos de aquí, en lo profundo de un bosque, vive un elfo. Todas las mañanas, cuando sale el sol, él abre las puertas de su casita y sale. Sus orejas cambian de color y comienzan a vibrar, y mientras camina por senderos cercanos, va escuchando a las criaturas que lo necesitan. Sus orejas son tan grandes, puntudas y anchas, y están tan llenas de buenos pensamientos que pueden escuchar aún las voces más pequeñas de los cienpiés, las hormigas y las tortugas.*

¡Este era un elfo que no causaría daño! Mientras creaba esta historia, iba venciendo mi temor a los feos elfos feos, que de niña había visto una vez en un libro ilustrado. Me di cuenta luego que ese temor había entumecido mi infantil imaginación, esa que justamente comparte todas las características de los elfos.

*Una mañana muy temprano, cuando salió, escuchó un suave sollozo que provenía del bosque. Su pasos siguieron a sus oídos, pasando junto a grandes y ondulantes hayas de robles y de troncos caídos, hasta que encontró a quien estaba tan triste. Ella era una pequeña hada de la nieve, cuyas alas estaban atravesadas por las espinas de un rosal. "Pobre hada de la nieve, ¿cómo puedo ayudarte?" preguntó el elfo.*

*"¿Puedes liberar mis alas, por favor?", sollozó enojada. "Todas las otras hadas se fueron volando y me dejaron aquí". Se sentía muy débil y abandonada como para notar la belleza de su prisión. "Las espinas del rosal han atravesado tus alas", dijo él, "pero pronto serás libre". Luego el elfo con pericia y cuidado, comenzó a liberarla. El rosal estuvo de acuerdo en ayudar. Finalmente el elfo triunfó. Luego, la depositó lo más suavemente posible y envol-*

*vió sus pequeñas alas en una tabilla, hecha de brotes de robles y*
*plumas.*

*"Ven conmigo por un rato. Pronto estarás mejor", cantó él. "Tó-*
*mate de mis orejas", dijo mientras ella se acomodaba sobre sus*
*hombros.*

En mi historia el buen elfo la llevó a su casita sanadora donde le brin-
dó el mejor de los cuidados. Al final, ella voló con sus alas perfectas.

En otras historias, este mismo elfo ayudó a una vieja polilla, a un ratoncito de campo que estaba herido y a varias abejas que se habían casi congelado al comienzo de la primavera. Me enamoré de esta historia
a medida que se iba desarrollando. Cuatro años después que la había
contado, me encontré con una de las niñas que había estado en mi clase de jardín de infantes. ¿Recuerdas el cuento sobre el elfo?, me preguntó con aire de adulta y con una sonrisa extraordinaria, "no estoy
segura", dije. Me había olvidado por completo. "¿Me ayudas a recordar-
lo?", le pedí. "Por supuesto", dijo y me tomó de la mano. Nos sentamos
en un banco y ella me contó el cuento. Volví a mi casa y lo re-escribí
para ella. Tenía una hermana melliza; se acercaba su cumpleaños y
pensó que sería un lindo regalo para recibir de su antigua maestra. Un
alumno de más edad, que recientemente había sido suspendido de la
escuela y que quería hacer una buena obra, ilustró el cuento.

Sentí gratitud al crear otro cuento sobre un elfo, en una ocasión en la
que me pidieron ayuda para una fiesta de cumpleaños. Un niño muy
alegre, a punto de cumplir seis años, estaba obsesionado con "los cazafantasmas". Los padres, con algo de reticencia, comenzaron a pensar
cómo incorporar este tema a la fiesta. Sentían que su hijo, normalmen-
te ruidoso y nada temeroso, no estaba muy cómodo con los fantasmas.
El cuento comenzaba así:

*Había una vez un alegre y risueño hombrecito que vivía en una*
*casita. Aunque era pequeño, era feroz. Se llamaba "Barba Pin-*
*chuda el reidor". Cuando él salía a estirar sus piernas con la luz*
*del día, los ratoncitos se escurrían a sus cuevas; cuando él pasa-*

*ba, las arañas se apresuraban hacia los rincones lejanos de sus te-*
*las; las hormigas se quedaban quietas prestando atención o se*
*escapaban a las colinas. Los pies de Barba Pinchuda el reidor es-*
*taban firmes sobre la tierra dondequiera que fuera, y acostum-*
*braba cantar canciones con todas sus fuerzas...*

¡Aquí nuevamente tenemos a otro elfo bueno! Mientras escribía, la niña temerosa que yo había sido suspiró aliviada dentro de mí.

*Una tarde, los cielos comenzaron a presentar pesadas y grises nu-*
*bes sobre las copas de los árboles. "¡Este es un día perfecto para*
*buscar espíritus malos!", dijo el hombrecito. Buscar fantasmas*
*era uno de sus pasatiempos. "Veré qué puedo encontrar". Salió*
*dando zancadas hasta el pueblo lejano, cantando gloriosamente*
*hasta que su pequeña lengua se acalambró. Pronto llegó a un ro-*
*ble rojo. "¿Has visto hoy algún fantasma?".*
*El roble rojo asintió, "Muy temprano pasó uno por aquí y desapa-*
*reció por encima del seto".*
*"Lo buscaré", dijo Barba Pinchuda. Así fue que el elfo salió a bus-*
*car espíritus malos hasta que se encontró con un castillo repleto*
*de ellos. "Yo libero fantasmas", anunció orgulloso el hombrecito.*
*"¿De verdad?", aleteó la mariposa. "¡Entonces tendrás mucho tra-*
*bajo!"*
*"No dudes de mí", gritó él. "¡Ya verás!" y sacudió su puño triun-*
*fante. Un hombrecito con una misión por cumplir, entró en el si-*
*lencioso castillo que guardaba la "colección más grande de*
*fantasmas que él hubiera visto en un mismo día". De su bolsillo*
*sacó su piedra "enfoca fantasmas", y la enfocó primero sobre un*
*fantasma y luego sobre otro. Cuando hubo capturado a todos en*
*el poder de su cristal, llamó a toda la realeza que estaba escondi-*
*da en el castillo.*
*"Querido Barba Pinchuda, ¿los tienes a todos?"*
*"Con mi fiel piedra y con todo mi corazón", contestó. Luego, un*
*fuerte bullicio retumbó en todo el castillo. Muchas banderas se*
*asomaron por las ventanas agitadas alegremente por la brisa.*
*¡Barba Pinchuda, el Libertador! Él se reía a viva voz. ¡Barba Pin-*
*chuda el reidor! En ese momento el sol apareció en el horizonte*

*atravesando una nube oscura. Los dedos largos y bellos de la luz del sol llegaron a través de los cielos más allá del castillo. Una gran fiesta se organizó. ¡Viva Barba Pinchuda, el Libertador!".*
*Después de la cena, un búho se posó sobre una de las altas paredes del castillo para completar la liberación, en caso de que su ayuda fuese necesaria. Mientras el rey y la reina y toda la familia real y los invitados observaban, el cazafantasmas posó la piedra en la luz del fuego. Primero un fantasma salió del cristal hacia los cielos del atardecer. Ellos lo vieron elevarse hacia la luz de las estrellas y luego desaparecer. Luego otro salió. Y otro, cada uno guiado y alejado con la ayuda del sabio búho.*
*"¿A dónde van?", preguntó una princesa.*
*"Al otro lado del sol, donde su viaje había comenzado", gritó Barba Pinchuda, mientras que cada fantasma era liberado, él daba vueltas carnero como loco, y así también lo hicieron los niños de la realeza.*
*"¿Tienen miedo los fantasmas de ir tan lejos?", ella preguntó.*
*"El búho les ayuda a ver la salida. A ellos no les gusta ser fantasmas, pero les da miedo ir donde pueden transformarse en seres humanos nuevos y mejores". Finalmente, la piedra de Barba Pinchuda no tenía más fantasmas. "¡Un buen día de trabajo", gritó alegremente, aunque en realidad se sentía un poco cansado. Pero antes de que todos fueran a la cama, los niños de la realeza le hicieron prometer que en el futuro ellos podrían ayudar.*
*"Por supuesto", dijo él. Y desde ese día en adelante, cuando era el día de soltar fantasmas, Barba Pinchuda, sus amigos de la realeza y el búho encontraron y soltaron muchos espíritus fantasmas, hasta que no hubo ninguno más para encontrar sobre toda la tierra. Y luego, se sientieron contentos al recordar y contar cuentos en el castillo, sobre sus exploraciones y aventuras con el que reía y liberaba: el gran Barba Pinchuda.*

Todos los invitados del cumpleaños recibieron cristales. Dirigidos por el joven anfitrión, durante la fiesta de cumpleaños se desarrollaron agradables y placenteras actividades "cazafantasmas", que culminaron con un gran lanzamiento de globos blancos y plateados, inflados con helio. El cuento había ayudado a encauzar su imaginación y todos estaban felices. La hermana mayor ilustró maravillosamente la historia cuando terminó la fiesta.

> Imagina una casa cerca de un bosque donde habita un duende amable, o travieso, que interactúa con la familia humana que vive allí. Modela con arcilla o cera un elfo de cuentos que pueda sentarse sobre un libro vacío. Poco a poco completa el libro del elfo con rimas y cuentos. Permite que estos sean para un niño que tu conozcas, o para el verdadero niño que vive dentro de cada uno de nosotros. Un inspirador libro sobre elfos es "El maravilloso libro de los siete años, de Isabel Wyatt."

# Ángeles

En las fronteras y los lugares peligrosos de tus historias y de la vida real pueden aparecer, de repente, ayudantes y sanadores. Aquellos que los aceptan en sus vidas son asistidos para seguir adelante alegres y felices, fortalecidos, calmados, y quizás curados de profundas heridas o penas. Aquellos que rechazan a estos ayudantes benévolos, en los cuentos como en la vida, deben seguir padeciendo y creando su viaje cuesta abajo. A pesar de no siempre ser hermosas y aladas, estas presencias ofrecen amablemente un camino para salir de los problemas. Por muy modestas que puedan ser, ellas siempre dan sabio consejo. Un ángel puede tomar la forma de un anciano errante con barba enmarañada, de una sabia mujer con capa y botas, de un jardinero que trabaja cuidando rosas o espinos blancos, de un ciego pastor de ganado o de una radiante pastorcita de ovejas.

Tal como en los relatos de George MacDonald, el que ayuda puede vivir cómodamente en la cabaña de un curandero en lo profundo de un bosque, usar una hermosa bata verde, o estar en un altillo hilando la vida de su amado niño, en eterna luz de luna. En otras historias, un guardián angelical puede tomar la forma poco atractiva de un mendigo o un pequeño idiota. En "Blancanieves y Rojaflor", de los Hermanos Grimm, los niños, que se quedan dormidos al borde de un precipicio, son protegidos durante toda la noche por un niño vestido de blanco. A veces un anfitrión, no encarnado, puede aparecer en la forma de una bandada de pájaros o de vientos que cantan maravillosamente. Lo que tienen en común estos ángeles encubiertos, ya sean repugnantes, gentiles, humanos o desencarnados, es su inmensa buena voluntad hacia aquel que perdió el rumbo en el cuento. Si su secreto no es revelado hasta que se complete el trabajo del hechizo a la perfección, o si su talismán u otra "magia" sólo funcionan bajo ciertas circunstancias, aún así, la ayuda provista será exactamente la necesaria.

Roberto, un padre sumamente amable y considerado, escribió un cuento titulado "El día de la silla mecedora." Comenzó describiendo la vida de un joven consumido por el trabajo y las fiestas.

> *Un domingo por la mañana mientras se mecía, era "como si me estuvieran susurrando". Al día siguiente, al abrir los ojos, se sintió conmocionado, como si lo hubiera alcanzado un rayo, por lo diferente que se veía el mundo. Las preguntas comenzaron. Los amigos que disfrutaban de una camaradería a través del alcohol, no podían soportar la transforamción de su alma y se fueron perdiendo en los meses y años siguientes. ¿Alguna vez has estado sobrio en una fiesta en la que los demás no lo estaban? "Una presencia, hasta entonces imperceptible, se unió a mi viaje, y juntos seguimos por este otro camino".*

En un cuento, una mujer, durante un viaje agotador a lomo de burro, llegó a la orilla de un río encontrándose con una serie de rápidos. Se preguntó cómo los cruzarían ella y el animal. Se acercó a la ribera del río y anheló tener ayuda. De repente, vio aparecer una pequeña criatura deformada con una soga dorada en sus manos. Le preguntó qué era lo que quería. Entonces ella le dijo que quería cruzar el río. La criatura la ayudaría.

**Inspira y exhala lentamente gran bondad y cuidado, doce veces. Escucha tus respiraciones como si fueran**

batidos de alas.
Cuenta la historia de una verdadera intervención misteriosa en tu propia vida. Para experimentar nuevamente esta presencia, quizás quieras invitar a una o
varias personas para que representen tu historia.
Cuenta la historia acerca de uno o dos niños que salieron de viaje y se perdieron. Haz que se encuentren con
tres peligros. Cuida que cada vez los niños sean guiados, sanos y salvos, por presencias guardianas.

# Animales compañeros

En tus propias historias puedes experimentar las cualidades de los animales como aspectos de ti mismo. Cada animal, insecto y pájaro nos
ofrece su energía: la diligencia de una abeja reuniendo dulzura para su
reina, la ligereza y velocidad de un pájaro, el tenso poder de un tigre, la
majestuosidad de un pavo real. Los animales que acompañan a los personajes de las historias también pueden ilustrar cualidades o energías
que queremos transformar. Una serpiente venenosa, una perra furiosa,
o una irritante y vieja cabra libidinosa pueden ir detrás de un personaje por un tiempo, para finalmente desaparecer en la neblina del cuento, o ser rápida y misteriosamente redimidos. La piel que una
serpiente deja atrás podría tener el poder de curar cuando es recogida
por una princesa. La perra podría amedrentar a criaturas más feroces
que ella, con su interminable ladrido. La cabra podría elevarse hacia
las estrellas de la constelación de Capricornio y desde allí, lanzar sus
desafíos al libidinoso rey.

Los animales, a veces, acompañan a los personajes durante sus aventuras bajo la forma de tótems. Un lobo solitario inspira a un "niño nati-
vo americano" a imitar sus ingeniosos poderes de supervivencia. El
gato le enseña a la princesa su viejo poder de intuición e intimidad.
Los pequeños zorros le enseñan a una muchacha movimientos rápidos
y delicados para sortear los peligros que acechan en lugares oscuros.
Una lechuza despierta los poderes de un sereno, que debe vencer la pe-

reza y el cansancio para ingresar a la verdad de los sueños. En algunos cuentos las criaturas obtienen una especie de voz humana; lo que la criatura dice puede ser decisivo a medida que el aventurero continúa su viaje. Para diferenciar la conversación de las criaturas de la humana, los diálogos a veces se dicen en rima, empleando un vocabulario único o una sintaxis extraña. Las órdenes en verso del lobo gris en "El Pájaro de Fuego" de los Hermanos Grimm, salvaron al príncipe una y otra vez a lo largo de su viaje hacia el verdadero amor y la iluminación.

En otras historias, y también en las que ustedes mismos pueden contar y escribir, una criatura esquiva puede ser retratada desapareciendo delante de un personaje, o representando una tarea o un encuentro futuro que ocurrirá cuando se de el momento y las condiciones propicias. Quizás sea un pájaro visionario, como fue para Hansel y Gretel, que a veces cantaba para ayudarlos a encontrar su camino a través del bosque de la bruja. El verdadero amor podría estar esperándonos allí donde vive la criatura, tal vez alguien lo ha enviado desde el deseo de su corazón como emisario o explorador. En el relato "Los Dos Hermanos", también de los Hermanos Grimm, un desfile de fieras leales y encantadoras acompaña a los mellizos como si fueran ángeles, para asistirlos cuando sus poderes humanos no sean suficientes para sortear las duras pruebas que deben enfrentar.

En realidad vive en el reino animal un gran anhelo de servicio al mundo humano, siempre y cuando también nosotros estemos dispuestos a ayudarlos. Es importante y gratificante observar esta interconectada reciprocidad entre los mundos humano y animal a través de las imágenes de los cuentos. Aquello que en las historias y en la vida real les da a las criaturas el poder de ayudar es, muchas veces, el cuidado y la atención de un ser humano. A través de las profundas leyes de causa y efecto, cualquiera que ignora sus necesidades sufre en consecuencia. En "La Reina de las abejas", la reina le enseña a Simplón cómo él y sus hermanos más descuidados pueden evitar convertirse en estatuas de piedra en un jardín sin vida. Los animales serviciales son como sabios pensamientos y acciones que regresan a nosotros en momentos difíciles, dándonos el poder para encontrar nuestro camino y mantenernos en él. Por un misterioso proceso, las buenas acciones regresan a quien las hace. En los cuentos, este delicado proceso que se entreteje a través de cada vida, se retrata de maneras que apenas podemos comprender con nuestras mentes racionales.

Tienes dentro de tu corazón una llama atenta a las necesidades de todos los seres vivos. Desde esta luz del corazón, puedes darte cuenta de las aventuras y las adversidades de las criaturas más pequeñas. La naturaleza de tu historia está colmada de criaturas de todos los tamaños, formas y constituciones que, a veces, están ansiosas de atender las necesidades de los personajes humanos. Te vuelves cada vez más atento a las cualidades y las necesidades de estas criaturas a medida que reconoces su voluntad de brindar sabiduría y ayuda en el mundo de tu historia, y de acompañar con sus maravillosas características a tus personajes, para ayudarlos y darles fuerza durante su camino.

Me había sentido triste por algunas semanas y pensé: "He dejado de cantar." Me pregunté si podría escribir un cuento que iluminara el motivo. A menudo había escrito cuentos para otros, pero ahora quería probar mi propia medicina. Me dí una hora y me senté con un lápiz y un papel recordando que había escrito la mayoría de mis mejores trabajos cuando me sentía mal conmigo misma, sin poder encontrar la manera de obtener una perspectiva más feliz. Cuando terminé esta historia, sabía íntimamente acerca del extraño y oscuro poder que se encuentra dentro de mí y de otros, que trata de destruir la belleza y desterrar el amor. He releído mi cuento muchas veces para obligarme a recordar su verdad. En mi relato, una niña era convertida en un loro cuya voz había sido silenciada entre la de muchas otras aves encantadas por una horrible bruja. Un hombre ciego sabía donde vivía esta bruja.

*La bruja lo vio recostado en el rincón más lejano de la casa, bajo un rayo de sol. Rápidamente lo puso a trabajar como guardián de sus pájaros. Cada vez que la bruja estaba adentro, él sostenía la jaula más cercana cerca de su corazón y lloraba. Hacia el final del día, un ciervo se acercó al claro del bosque donde moraba la bruja. El hombre ciego montó sobre el ciervo y desapareció entre los árboles.*

*No habían pasado muchos días y noches cuando, a la luz de la luna, el hombre ciego volvió con el ciervo. Junto con él llegó el agua de un antiguo manantial. El hombre ciego cavó una zanja para que el agua atravesara el bosque. El agua cantaba suavemente. En cada lugar en que el ciervo se paraba bajo la luz de la luna, el hombre palpaba el suelo y seguía extendiendo la zanja. Antes de que la bruja despertara, alrededor de toda la casa había un foso circular colmado de aguas cantarinas. Cuando amaneció, ella escuchó el sonido del agua y sintió miedo. Tomó las cobijas con sus garras. Su vientre se llenó con la hiel de la amargura y la confusión; el odio oprimió su corazón. Se tapó los oídos. El hermoso sonido del agua fluyó a través de las ventanas y las paredes. No se atrevía a gritar por miedo a despertar a los pájaros que empeorarían el sonido con su poder de imitación. Finalmente, se escurrió hacia una habitación secreta bajo la tierra y allí se escondió.*

*El ciervo se paró, luminoso, en la puerta. El hombre ciego la abrió. Cuando encontró a la vieja bruja en su escondite la arrastró fuera y la encerró en una gran jaula que había construido para ella, junto al agua que cantaba. El ciervo hizo guardia junto a la jaula. Luego, el hombre ciego regresó a la casa y comenzó a tantear su camino hasta encontrar los pájaros encerrados. Para él, cada una de las jaulas, era como un nudo a desatar, una maraña a desenredar. Los tomó uno por uno con sus sensibles manos. Sintió en ellos el rabioso temor que la bruja tenía frente a la belleza.*

Al final de este cuento, luego de que toda esta poderosa energía femenina había sido liberada, "el ciervo se paró a la orilla del agua que fluía, como un inmóvil centinela" y la bruja murió en su jaula. Las imágenes que había creado me dejaron completamente asombrada sencillamente porque me había propuesto, a través de la escritura, sacar afuera mi sufrimiento. El ciervo blanco, como un centinela angelical, apareció en otra parte del mismo bosque, en otro cuento que escribí unas semanas más tarde.

**Crea un personaje profundamente afligido y permite que un animal venga en su ayuda. Libera tu imagina-**

ción para visualizar esta criatura auxiliadora. Ya sea que hable en verso o esté en silencio, deja que te cuente acerca de una cualidad que te ayuda a tratar con la adversidad, en tu propia vida y en la de los demás. Deja que la criatura perciba lo que los humanos aún no pueden, o han olvidado ver.

Crea un encantador desfile de criaturas que acompañan a un niño, mientras éste se aventura hacia el mundo. ¿Cómo ayudan estas criaturas al niño a salir de cada una de sus dificultades?

# Dragones y bestias míticas

Profundo, en los pliegues evolutivos de tu cerebro, sueña un "cerebro reptil". Los cuentos pueden acercarte a la respiración de esta bestia primitiva, que hace llegar su larga cola hasta la vaina de cada cordón nervioso humano. A veces se despierta de su sueño en las antiguas guaridas de nuestros huesos. A medida que aceptamos a los "dragones" y otros primitivos reptiles en el mundo de nuestros cuentos, comprendiendo así mejor sus poderes, hábitos y necesidades, podemos aprender a aprovechar su fuego, longevidad y su fabuloso hambre. En las historias tradicionales de dragones, un conquistador llega justo a tiempo teniendo la fortaleza y coraje suficiente para someter al dragón. Luego, la muchacha pura y noble retorna triunfante al pueblo con su héroe, la fiera derrotada yace entre ellos o muere. Podríamos ver como propio cada aspecto del cuento. A veces parece que estuviéramos en peligro mortal de ser consumidos por el fuego de nuestro deseo, nuestra sed y nuestra lujuria; a tal punto de ser sacrificados a las brutales fuerzas que yacen en nuestra naturaleza. Sin embargo, las fuerzas anímicas que hemos desarrollado a través de la eternidad nos permiten elevarnos sobre ellas. El cuento arquetípico de dragones, con sus muchas transformaciones, nos ayuda a vernos como una fiera, una doncella y un guerrero piadoso, y a ponerlos, una y otra vez, en orden, celebración y armonía.

Los unicornios puros y blancos, aparecen desde las profundidades de los bosques y las praderas. Estas fieras esperan ser amansadas por la amorosa caricia de una doncella. Un unicornio afectuosamente domado, ya no instiga a los cazadores a atormentarlo y matarlo. Encontrado y amado por una hermosa muchacha, el unicornio puede ofrecer sus misteriosas energías y poderes a todos los que verdaderamente lo honran.

Las aves de fuego y otros seres alados en la tradición de los cuentos nos recuerdan las sublimes alturas, a las cuales podemos elevarnos, especialmente en la noche o en nuestro ensueño consciente, cuando nos sentimos liberados del cuerpo y de la fuerza de gravedad terrestre. Estos pájaros visionarios de los jardines reales de nuestras almas, se elevan y descansan en hermosos árboles, más allá de la vida cotidiana. El Zar Vyslav Andronovich, del cuento ruso "El pájaro de fuego" ofrece todo su reino al que pueda bajarle esta elusiva luminosidad. Sólo el hijo, que posee el don de la disciplina y un gran corazón, puede traerlo vivo e intacto a su padre, junto con el gran misterio del amor verdadero que ha encontrado. El pájaro, una fuerza angélica, motiva la llegada de un nuevo orden al reino.

Los dragones personifican feroces apetitos primitivos y los unicornios la salvaje necesidad de contacto amoroso. El dragón, el unicornio y el Ave Fénix, todos ilustran "el antiguo orden".
En la epopeya de su sabia dominación, nuevos reinos de gozoso amor y sabiduría toman forma a partir de los esfuerzos que tú haces para comprenderlos y así, evolucionar. A través de los retratos arquetípicos en la tradición de los cuentos tú puedes redescubrir, una y otra vez, los caminos que logran establecer un sabio gobierno.

El otoño es la estación de los dragones. Los árboles parecen estar encendidos, se respiran cenizas y llamas en el aire. Despertar los grandes fuegos dentro de nosotros puede consumir o quemar todo lo civilizado. Sabemos que el fuego del dragón nos amenaza en forma continua.

Los niños, en especial los que poseen una naturaleza exaltada, a veces se sienten como "agarrados" por un dragón. Se mueven con fuerza e impulsivamente chocando con personas y muebles. Cuando los niños se encuentran en este "estado de ánimo encendido" y sintiéndose poco conectados con la "doncella", podemos intensificar el fuego para ellos. Las aventuras de un héroe, con su fuerza, coraje y caridad, les ayudarán a transformar su energía salvaje.

Por el contrario, un cuento de dragón para un niño que se conecta más con el aire, podría presentar detalles más sutiles. A ellos les pueden interesar los colores del dragón, los pájaros que volando cerca suyo terminan con sus plumas quemadas y los insectos y las flores que se queman con su aliento. No es tanto la fuerza interior del héroe, sino las descripciones de su sombrero, su espada y sus joyas lo que estos niños quieren escuchar. Nombra las joyas y describe su tamaño y peso, y desde donde han llegado; ellos recibirán con agrado tus descripciones. Se necesitará menos fuego y sangre. Al final de este tipo de cuento, la doncella y el héroe pueden recolectar escamas coloridas y dientes de dragón para atesorarlos en un hermoso cofre.

Frente a estados de ánimo más melancólicos puedes invocar a un viejo dragón que ha estado dando vueltas por toda la eternidad. Sólo un anciano ha visto a este dragón hace mucho tiempo. O podría ser un niño que no ha dormido en semanas porque tenía pesadillas sobre el dragón. Podría tratarse de una criatura patética y desdentada que aparece únicamente cuando es seguro quejarse con tristeza. Los niños melancólicos, como también aquellos que ya han crecido, muchas veces se sienten cansados, especialmente por su cavilación incesante y compulsiva. Sin embargo, pueden poseer almas profundamente heroicas. Tal como Hamlet, piensan acerca de grandes y gloriosos hechos, pero tienen dificultad en llevarlos a cabo. Aunque la soñada espada de San Miguel o de San Jorge se desvaneció, en las historias el padre sabio dice: "Es verdadera. El don de la espada es verdadero, puedes realizar una buena obra con este poder interior." Niños como estos pueden darle un significado importante a una espada. En tu cuento, el niño puede regalar su espada a alguien que es fuerte y activo, prestando sus pensamientos y comprensión a las fuerzas que el otro posee en sus manos y en su corazón.

Un cuento para un niño lento y dormilón podría centrarse alrededor de un dragoncito mimoso, que duerme debajo de un porche. Un niño lo pincha con su rastrillo. Luego va a buscar a un amiguito que también lo molesta. Los niños flemáticos disfrutan de la repetición.

Buscan a la abuela, aún consiguen que vengan otras siete a diecisiete personas. La acumulación es importante. Conseguir más arvejas, más papas, más y más de cualquier cosa, caracteriza a los flemáticos. Finalmente, este dragón se despierta ¡y tiene hambre! ¿Qué es lo que le gusta comer? Uno por uno le traen los que cada uno cree que el dragón quiere comer. Dentro de la casa la abuela está preparando un pastel. Lo trae afuera y se lo ofrece al dragón. El dragoncito se convierte en el favorito de la casa. Luego este dragón levanta sus alas y brevemente puede volar por la habitación, subir y bajar la escalera para luego volver a su nido tranquilo y otoñal.

Diseñar un dragón que refleje el estado de ánimo de niños pequeños también puede ser útil para los adultos que quieran relacionarse con su "niño interior".

**Imagina con detalle un dragón que mantiene atemorizados a un individuo, a una familia o a un pueblo entero. Crea un héroe o una heroína que se encuentra con este dragón y exitosamente asimila su poder como propio, poniéndolo con compasión y astucia al servicio de los demás.**

**Cuéntale a tu niño interior una historia de dragones, permitiendo que el dragón exprese tus propios estados de ánimo y necesidades.**

**Escribe e ilustra un cuento acerca de un unicornio en el que el héroe o la heroína haya perdido su sentido del tacto y sea insensible a su entorno; y cómo este unicornio transforma sus vidas.**

**Cuenta un cuento acerca de un hermoso pájaro de fuego que ansía ser visto y aceptado por los seres humanos. Cada vez que en tu cuento el pájaro de fuego esté cerca, quizás quieras agregar algunos toques musicales con un instrumento de cuerdas, como por ejemplo, una lira.**

# Pájaros

Los pájaros pueden volar hacia tus cuentos, trayendo una sensación de elevación y libertad. Cuando las blancas palomas "y al fin todos los pájaros debajo del cielo"⁵ llegan a Cenicienta a través de la ventana abierta de la cocina, se posan sobre las cenizas para ayudarla a encontrar los granos que su madrastra había tirado allí para que ella levantara. Ellas se asemejan al espíritu de ave que vive en el árbol, que Cenicienta plantó junto a la tumba de su madre. Cualquier cosa que ella desee, este pájaro blanco, cariñoso y protector lo hace realidad.

Cuando los pájaros entran en una historia como ayudantes, pueden solucionar enigmas y misterios cantando acerca de lo que debe hacerse. Al igual que los visitantes angelicales, perciben y hablan más allá del poder de la vista y del lenguaje humanos. En el extraño cuento "Los Tres Idiomas" de la colección de los Hermanos Grimm, el hijo del conde, a quién es imposible enseñarle nada, logra aprender el lenguaje de los pájaros gracias a un iluminado maestro. Para el viejo conde, este profundo poder para escuchar, no tiene importancia. Sin embargo, al final de la historia, el joven que ha aprendido a escuchar se convierte en un sacerdote y, así, habla la sabiduría pura que sus alados guías cantan en sus oídos. Sigfrido también escuchó el lenguaje de los pájaros luego de que sangre de dragón hubiera sido rociada sobre su lengua; cómo es comprendido lo que se oye, es justamente lo que hace que el cuento se desarrolle a su manera especial. Los héroes y heroínas de los indios americanos sienten al espíritu alado del águila o halcón penetrando de forma ascendente, desde sus cabezas o espaldas, hacia las alturas desde las que han caído. La aguda visión del pájaro, su veloz vuelo y sentido de dirección llegan a formar parte de su propia naturaleza, a medida que se aventuran por el bien de su pueblo.

Los pájaros traen distintas cualidades a los cuentos. Los ojos de las lechuzas se mantienen abiertos durante largos períodos con una mirada dorada y extrañamente humana. Posadas sobre los árboles de la tierra de los cuentos, ellas pueden representar el ascenso que realizamos por las ramas de nuestros propios cuerpos y mentes, que tan a menudo parecen estar en la oscuridad, como los árboles de un bosque por la noche. La "lechuza" ve aún en las profundidades de la noche y, como un líder espiritual, puede dar sabios consejos desde las alturas de un árbol. Las águilas también ofrecen la majestuosidad de sus alas y amplitud de visión; al tener la capacidad de volar más alto y ver más lejos que cualquier otra criatura alada, el águila es emblema del compañero más cercano de Jesús, San Juan. Su visión concluye el Nuevo Testamento en el libro llamado Apocalipsis. En el mundo imaginativo de las historias, la sabiduría "apócrifa" podría derramarse a través de un ave que ve desde las alturas lo que ocurre en la tierra y puede, entonces, brindarnos una visión de largo alcance.

Invita a la benevolencia de los pájaros a tu mundo de historias. Sus hermosos movimientos, su visión penetrante de día y de noche, su diligencia y su canto melodioso, los conectan con las esferas angelicales que están por encima de tus personajes. Tú anidas dentro de tu cuerpo y de tu mente "todos los pájaros debajo del cielo" a través del poder de tu imaginación. Puedes encontrar estas criaturas aladas dentro tuyo, como imágenes de la aleteante sabiduría que necesitas, para que tu visión interior y tus historias también puedan volar.

Graciela, una experta en matemáticas de cincuenta años, se quejaba de su falta de creatividad. Una noche invité al pequeño grupo, al que ella se había integrado, para que escriban un cuento en el cual alguien confinado encuentra, "como la semilla", el camino hacia la luz. Cada uno escribió durante una hora, nutriéndose de la energía creativa del grupo, sentados alrededor de una vela y con una suave música de fondo. Esta es la primera parte del cuento que ella escribió:

> *Penélope estaba acurrucada y dormida en una oscura guarida. Parecía que había estado allí un largo tiempo. Se despertaba, y percibiendo que nada había cambiado, se volvía a dormir. Estaba envuelta en su larga cabellera dorada.*
> *Oyó un repiqueteo que la despertó. Miró a su alrededor, pero no vio nada; continuó escuchando el sonido. Como no podía ver de dónde provenía, se arrodilló. No se podía parar; el espacio era demasiado pequeño. "¿Cuánto tiempo he estado aquí?" se preguntó.*

*El repiqueteo se hizo más fuerte. Se imaginó que algo estaba rompiendo la pared de su caverna. Localizó el origen del sonido y miró en esa dirección. Estaba tan oscuro que era difícil ver. Finalmente pudo notar una pequeña mancha verde sobre la pared marrón, frente a ella.*

*A medida que pasaba el tiempo, descubrió que aquello parecía un pico, el pico de un pájaro verde, un gran pájaro verde. El pájaro atravesó la pared, extendió sus alas y la envolvió. Fue extraño, pero ella no sintió miedo sino bienestar. Podía sentir los fuertes latidos del corazón del pájaro. Este levantó vuelo y así traspasaron el techo de la caverna. Arribaron a un espacio más amplio que tenía un río subterráneo y una cascada.*

Ese fue el comienzo de un viaje durante el cual la presencia benévola del pájaro verde acompañó a Penélope a cada paso. La energía y el coraje que Graciela recibió al escribir este cuento le parecieron tristemente evanescentes, a pesar de haberles leído esta historia a varios de sus amigos. Sin embargo, cuando se sentó a escribir otro viaje imaginario, tuvo más confianza en sí misma. Su imaginación visual, tan clara y vívida, la estaba guiando a un nuevo sentido de movimiento y confianza en sí misma y en otros. Luego de ésta experiencia, cuando fue de visita a casa de su anciana madre, decidió que esta vez, no se aislaría ni leería tantos libros como habitualmente solía hacer, sino que se dedicaría a estar con su madre, su hermana y consigo misma.

En un cuento que escribí para el cumpleaños de una amiga que estaba afiebrada y congestionada, sorprendentemente, una tigresa emprendió vuelo:

*Luego de dar vueltas y vueltas, la tigresa se posó sobre sus suaves patas, brillando con exuberancia y alegría. "Te llevaré volando adonde quieras ir."*

*"Llévame donde el aire baila," dijo Felina. "Llévame donde los vientos cantan."*

*La tigresa la llevó volando a través del calor de la selva durante mucho tiempo, hasta que finalmente Felina, al mirar hacia abajo, vio grandes árboles que bailaban. Pero la tigresa, que no tenía*

*oídos humanos, no pudo escuchar el hermoso canto que Felina
oía.*

A medida que la historia continuaba, con la ayuda poderosa de la tigresa alada, Felina cantó y bailó. Mi amiga me agradeció, pero dijo que
el cuento no le había gustado. Lo comparto aquí porque, por supuesto,
no toda "medicina de cuentos" siempre funciona.

A mi canasto de títeres arquetípicos lo cuida un pájaro blanco con
grandes alas extendidas. Las alas se mueven con unos hilos azules ata-
das a sus puntas. Aunque fue creado al azar una mañana antes de salir
rápidamente hacia la escuela, desde entonces lo he usado en muchos
cuentos. Cuando no está simplemente cuidando, muchísimas veces ha
llevado a dos o más a la aventura, a la seguridad y a la paz.

Imagina un pájaro que encarna paz, felicidad, amabili-
dad, alegría o cualquier otra cualidad. Deja que tu protagonista se encuentre en un estado de confusión, o en
otro tipo de dilema donde no parece haber ayuda. Permite que el pájaro venga a ayudarlo, a levantarlo y a
protegerlo.

En una historia oscura permite que una lechuza vea
claramente aquello que sea necesario.

Construye un espacio estrecho en un cuento. Este podría ser un aspecto de tu propia vida, que reconozcas
que está comprimido y en el que hayas perdido el sentido de perspectiva. Tu propia casa u oficina, a veces
podría parecer un matorral enmarañado o un hueco
aburrido. En tu cuento, deja que un águila de colores
brillantes vuele sobre esta confusión y arroje elementos y mensajes útiles desde las alturas.

# Caballos

En los mitos y en los cuentos de hadas los caballos proporcionan poder y gracia. En picada o con un salto pueden llevarte incluso hacia
ideas divinas. Los griegos imaginaban a Pegasus como la nívea fuerza
impulsora que podía llevar naturaleza poética a las estrellas, sobre sus
majestuosas y diligentes alas, balaceándose a través de los vastos ritmos cósmicos. En "El fiel Ferdinando" de los Hermanos Grimm, un
niño nace de una pareja pobre que no puede encontrar un padrino para él hasta que un extraño, en una iglesia, les da una llave que deben
mantener a salvo hasta que el niño alcance los catorce años. Luego el
niño encuentra el castillo cuya puerta esta llave abre y, dentro de él, un
caballo blanco. El caballo le dice al joven lo que necesita saber y pedir
para superar las pruebas preparadas para él. A medida que se sobrepo-
ne a cada obstáculo, el caballo actúa como su ayudante cósmico, hasta
que el joven es capaz de crear un reino ordenado y amoroso en el cual
vivir. En otro cuento de los Hermanos Grimm, "La niña de los gansos",
podemos hallar otro caballo parecido, que pertenece a la hija del rey,
llamado Falada. Este puede hablar y es un compañero muy fiel y leal
durante las terribles pruebas que atraviesa la niña.

En el libro del Apocalipsis, los cuatro caballos apocalípticos están ba-
ñados en colores. El caballo blanco representa la más pura sabiduría y
guía espiritual. Este cede su paso al caballo rojo de pasión y egoísmo, y
al caballo negro que trae escalas de juicio y disección. El cuarto caballo es "pálido"; su jinete es la Muerte. Cualquiera sea el color del caballo de la historia, este nos llevará hacia los reinos de la verdad. Los
Rosacruces preferían la imagen de un caballo gris que se movía entre
la luz y la oscuridad, mezclando ambas en una luz difusa de la cual en
cualquier momento podía emerger un completo espectro de colores.

En tus cuentos, el jinete que tú crees podría cambiar de un caballo a
otro a medida que te traslades a través de diferentes paisajes interiores,
asumiendo colores y cualidades variadas. Los caballos que tienen afi-
nidad con la luz o con la oscuridad podrían llevar a su jinete por una
ruta sabia, o confusa y destructiva, con vuelos ascendentes o caídas

profundas. Los caballos de los cuentos tienen fogosos orificios nasales y una estilizada musculatura. Su tembloroso anhelo de calor, su dulce colaboración, su inteligencia y belleza añaden poder, brío y a veces altura, profundidad y distancia inconmensurables, a una común aventura.

Incluye la fortaleza del caballo entre las criaturas de tus cuentos, porque a menudo, podrías necesitar esta cualidad a medida que atraviesas los paisajes de tus historias. Como el burro en "El extraño músico", tú tienes dentro de ti el poder para moverte desde la torpeza y la limitación hacia la alegre gracia y la útil fuerza.

> **Piensa en una cualidad que sientas que está inmóvil o que es ineficaz en tu vida; imagínala como una característica del protagonista que describes y nombras al comienzo de tu cuento. Presenta a tu protagonista con un magnífico caballo sobre el que él/ella puede montar para lograr sus verdaderos objetivos. Quizás tu caballo tenga el poder del habla, y también de un humilde y paciente auto sacrificio. Y a través de tu historia puede ayudarte a alcanzar tus objetivos de maneras sorprendentes, sin importar la dificultad de los obstáculos a los que debas enfrentarte.**
> **Realiza un viaje en tu historia sobre un gran corcel blanco y alado.**

## Zorros y lobos

Los animales representan antiguas "palabras" en el lenguaje simbólico de los cuentos de hadas, cada uno con diferente significado. Un zorro, al igual que una rata, podría indicar inteligencia, silenciosa observación y la capacidad para correr tanto por un matorral como en una fortaleza. Demasiado astuto y veloz para caer en una trampa, puede esperar paciente y observar incansablemente, venciendo con astucia sus disminuidas facultades, consiguiendo así lo que quiere y alimentando con éxito su apetito. En la Edad Media el diablo era, a veces, re-tratado como un zorro erguido que hablaba.

A menudo los lobos también toman una imagen de villano, oscuro, rapaz, e incansable, como el poder de la oscuridad que consume la vida y la luz en su fuerte garra. Los Antiguos Persas imaginaron a la muerte como un lobo. El ser frágil e inocente que emprendía un viaje a través del bosque de la vida, como Caperucita Roja en su misión de llevar salud a su vieja abuela enferma, es consumido en las entrañas del lobo. Las imágenes de los cuentos a veces han hecho que el "lobo" represente un saber destructivo; un crudo deseo de sexo, de dinero o cosas materiales; descreimiento; desesperanza, o todo aquello que consume nuestra capacidad de brindar amor y salud al mundo.

Cuando el dios Odín (Wotan) de los nibelungos engendró una raza de humanos que tenían libre albedrío, llamó a estos hijos "lobatos" y los vistió con pieles de lobo. Cada lobato humano tenía que vivenciar los deseos rapaces "lobunos" a fin de desarrollar la libertad de elección. En la fundación de los vastos dominios romanos, este mito se desarrolló aún más en el cuento de Rómulo y Remo, de quienes se decía que habían sido alimentados por una loba, recibiendo así sus cualidades, que fueron entonces trasmitidas a todo el reino. Los cuentos, como "El lobo y los siete cabritos" de la colección de los Hermanos Grimm, muestran que el rescate viene a través del poder devorador del "lobo". El cabrito en el reloj cucú, conoce la historia verdadera de lo que ha hecho el lobo con sus hermanos y, entonces, lo puede contar. La cariñosa mamá cabra los libera; los cabritos vuelven a la vida con más sabiduría. Imágenes positivas de lobos surgen también cuando los misteriosos límites entre el mundo animal y humano se desplazan, como sucede en el cuento ruso de "El pájaro de fuego." En ese cuento, el príncipe que perdió su caballo gris se aventura a través de campos oscuros montado sobre un lobo gris. Mientras busca al ave fénix, el lobo penetra bosques y oscuridad con poderes desconocidos para el niño. De manera similar, el poder de tótem del lobo en la cultura de ciertas tribus de indios americanos, hace que el reconocimiento y la aceptación de las misteriosas fuerzas de ayuda de esta criatura les permita alcanzar sus metas humanas. En "El pájaro de fuego" el lobo es un ser humano disfrazado

que, cuando cumple todas las pruebas, puede volver a tener una forma
completamente humana. En este tipo de cuentos, los animales están ya
muy cerca de ser humanos, pero deben realizar buenas obras y ganar
la colaboración de los seres humanos, para poder liberarse de sus cuerpos animales. Han estado anhelando prestar sus servicios a las almas
humanas, deseando trabajar con ellos.

A través de los cuentos, puedes alimentar tu conexión con las criaturas
cuyas cualidades realzan las tuyas propias. A través de tu imaginación,
puedes experimentar íntimamente el anhelo de liberarte de las limitaciones de la naturaleza animal. A medida que te enfocas con compasión, puedes despertar tu capacidad de transformar las artimañas
dominantes de tu naturaleza animal, en un amor humano, generoso y
potente.

Cuando una maestra tuvo que dejar a un grupo de niños que la que-
rían mucho, tuve el privilegio de ser invitada para crear y contar un
cuento, que la ayudaría a ella y a los niños a despedirse. Cada vez que
comienzo a crear un cuento para aliviar una determinada situación,
soy consciente de que hay mucho más de lo que yo he reunido para
que el cuento funcione bien. De alguna manera los niños estuvieron
conmigo y sus padres con ellos, como también fue evidente la buena
voluntad de otras maestras. La imagen de la sabiduría espiritual de esta maestra también se hizo presente.

Esta maestra adora los zorros, y la imagen de una joven "zorro" se des-
lizó en mi corazón. Me imaginé que durante el día vagaba libremente
como una zorrita, y de noche se deshacía de su piel de zorro y se convertía en la guardiana de aquellos niños que se habían alejado tanto en
el bosque, que no podían encontrar su camino de regreso a casa sin
ayuda. Mientras más escribía, más me inspiraba y más satisfecha me
sentía. Cuando llegué al final del cuento sabía que sería sanador, porque sentía que había aprovechado con éxito mi intuición. Cuidadosamente escribí la historia y la convertí en un libro para que los niños
pudieran disfrutar viéndome dar vuelta sus páginas, y para que la
maestra lo tuviera como recuerdo. Cuando conté "Pieles de zorro", ella
se rió y lloró abiertamente con los niños y todos se sintieron unidos.

Como regalo a los niños y como gesto de despedida a la escuela, ese verano la maestra escribió un hermoso cuento. Desde entonces, ella ha escrito y contado muchos cuentos maravillosos a fin de ayudar a niños con problemas.

Un hombre amable descubrió un monstruo con forma de lobo en uno de sus cuentos. Esta fiera de hocico alargado acechaba en un castillo. Llevó engañado a un niño, de tres años, hasta la muralla, y una vez allí, devoró la garganta del niño hasta que este cayó muerto. Lo vívido de este evento trágico en su imaginación lo preocupó. Sintió la impotencia y el terror del niño de su historia, y estimulado por su difícil condición, se hizo muchas preguntas. Sólo después de varios meses logró comprenderlo. Mortales terrores muchas veces comprimen las gargantas de los niños. En este cuento, él podría ir más lejos: como en "El enebro" de los Hermanos Grimm, su niño muerto podría volver a la vida nuevamente y crecer. Un pájaro dorado podría cantar las verdades a todos. La atroz fiera podría ser transformada.

Cuenta la historia de un lobo encantado, renuente a convertirse en hombre, que resiste transformarse una y otra vez, y aún otra vez más, hasta que finalmente se somete a la desilusión y encuentra que ha llegado a ser, a pesar de sí mismo, más viejo y más sabio.

Cuenta nuevamente el cuento de Caperucita Roja con tus propias palabras. ¿Cuál es el hábito más destructivo que conoces que puede devorarte por completo? Sitúa a un niño inocente, tu propio "niño interior", en un camino que atraviesa un bosque oscuro, para ofrecerle cura de pan y vino a tu sabia y anciana "abuela interior". Relata cómo tu niño se aparta del camino a causa de una oscura distracción. Al finalizar tu cuento el leñador de buen corazón, que simboliza tu intuición y sentido de orientación interna, tendrá que liberar a tu niño y a tu viejo y sabio ser interior.

## Gatos

Toda la familia felina es tu familia y tú eres pariente de ellos. Sólo tienes que invocar tus propios poderes felinos y permitirles jugar en la
imaginación de tu cuento. El rugido y la capacidad pulmonar del león
exceden por mucho los poderes humanos ordinarios. Su visión penetrante también sobrepasa la nuestra. Cuando un león o una leona encuentran el camino a la sabiduría y al lenguaje humano, grandes y
doradas verdades podrían emerger misteriosamente de su boca; bo-
rrando la frontera entre lo animal y lo humano. En "Los doce cazadores" de los Hermanos Grimm, el león, que es mascota del rey, dice
verdades que ningún ser humano está dispuesto a admitir.

"Los dos hermanitos", otro cuento de los Hermanos Grimm, retrata a
dos jóvenes leones guardianes que acompañan y protegen a una niña y
un niño que son hermanos mellizos; éstos leones hablan con la verdad
y dan sabios consejos. Uno de ellos sabe cómo golpear a la puerta del
rey con su cola, y cómo llevarle el vino a su amo, cargando la vasija con
su boca. En el cuento, como un fiel servidor, uno de ellos usa el "bro-
che dorado" del verdadero amor de su ama, hasta que se convierte en
hombre y llega a casarse con ella.

El poder vital de un león o leona mágicos, podría permitirte acceder a
profundas y poderosas expresiones de sentimiento, como los grandes
hechos y declaraciones de Aslan, el gran león en Las Crónicas de Narnia, de C.S. Lewis. En la actualidad, la simbología tradicional puede
guiar las imágenes en nuestros cuentos. En la iconografía cristiana, el
león, asociado al evangelio de San Marcos en el Nuevo Testamento, logra un equilibrio entre los símbolos del toro, el águila y el hombre, que
representan los otros tres evangelios. En el lenguaje de los cuentos, el
león, el toro y el águila, traen dones únicos de sentimiento, voluntad y
aguda visión.

Representantes menores de la familia felina también encuentran su camino en las creaciones de los cuentos. La tranquilidad, la gracia y la
limpieza de toda la familia felina inspiran admiración. Los gatos son

capaces de vivir en criptas y templos como espíritus guardianes de los muertos. Si sus voces y gestos pueden ser comprendidos en el marco seguro que brinda un cuento, pueden entonces impartir mucha sabiduría desde el mundo de las tinieblas. En "El gato con botas", un discreto gato usa botas que lo llevan por largos viajes, en pocos minutos. En "El zorro y el gato" de la colección de los Hermanos Grimm, el gato puede, a diferencia del zorro, protegerse de los perros.

Un consejero pedagógico se propuso crear un cuento para un niño de seis años, que estaba con problemas en la escuela y en su casa. Convirtió estos problemas en retratos imaginativos.

*Dalgha rara vez veía a su padre, el Rey, ya que a menudo estaba de viaje en tierras lejanas con su ejército. El padre le había encomendado a Dalgha la importante y misteriosa tarea de llevar su objeto favorito, ida y vuelta todos los días, por la ciudad, a la casa de su abuela. No se trataba de un florero común, si no que este estaba hecho de cristal moldeado en forma de león. Cuando los rayos del sol caían sobre él, los ojos del león brillaban y su melena resplandecía con los colores de miles de arco iris. Era un majestuoso león de cristal y Dalgha lo amaba casi tanto como lo amaba su padre. Así que, todos los días hacía lo que su padre le había pedido y llevaba el florero con forma de león a través de las calles de la Gran Ciudad.*

En el transcurso del cuento, al niño se le cae el florero rompiéndose en mil pedazos. Este accidente trágico, sin embargo, lo pone en contacto con un sabio y poderoso comerciante quien primero transforma el cristal en oro y luego, una vez que Dalgha ha llegado a ser más generoso y valiente en la escuela, nuevamente en un perfecto león transparente. Debido a que sentían que era algo especial, los niños del jardín de infantes, escucharon con atención el largo cuento del león de cristal.

Aunque proporcionar historias "curativas" a veces puede interrumpir los procedimientos habituales, también puede modificar efectivamente el comportamiento, en especial cuando las imágenes de la historia son bien recibidas por los adultos y por los niños, y son traídas a la conciencia de estos últimos, cuidadosamente, durante varios días. Afortunadamente esto no siempre es necesario; algunos "remedios" son anhelados tan profundamente y administrados con tanto cariño, como sucedió en este caso, que una única dosis es suficiente.

> **Crea un cuento acerca de un león o una leona mascota que, cuando abre la boca, siempre ruge la verdad.**
>
> **Crea un cuento sobre el día de brujas, en el que un sabio gatito que vive en un cementerio, o en un templo subterráneo, cuida de los espíritus de los muertos. Deja que esta criatura entre en los sueños de los niños y calme sus miedos con bigotuda dignidad.**
>
> **Dejen que un león, un toro y un águila den fuerza y salud a una figura solitaria, que tiene que cruzar por un terreno difícil.**

## Abejas, hormigas y otros insectos

Tanto las hormigas como las abejas proporcionan imágenes de asombrosa cooperación, orden y trabajo. Las mentes, como las colmenas de las abejas, almacenan el dulce de la vida de manera ordenada, y como los hormigueros, construyen áreas interiores con muchas cámaras y pasadizos. En "La reina de las abejas" Simplón exige que sus hermanos dejen en paz a las criaturas que habían estado molestando como entretenimiento y diversión. Entonces, debido a las misteriosas leyes de las relaciones, cuando Simplón está en peligro de perder su propia vida, diminutas criaturas vienen a ayudarlo a sobrevivir, llamándolo desde la tierra, el aire y el agua. La reina de las hormigas ordena a sus obreras que corran de prisa y junten nada menos que las perlas de su verdadero amor. Luego la reina de las abejas misma le ayuda a reconocer al amor de su vida, para que él pueda despertarla, a su vez, a una nueva vida.

La activa sabiduría en el trabajo de criaturas tan diminutas y sociales, puede traer gran felicidad en el reino de cualquier historia. Los modelos sociales de las abejas y las hormigas despiertan nuestra confianza en los sabios patrones entretejidos entre todas las cosas. A medida que tú honras y proteges las criaturas pequeñas en sus propios reinos, su sabiduría podría llegar directamente a ti y a tus personajes, que buscan vivir en armonía y equilibrio consigo mismos y con otros.

Habían entrado a mi casa más hormigas que las que podía sacar por la puerta de la cocina. En ese tiempo "La reina de las abejas" se había convertido en uno de mis cuentos favoritos. Temprano en la mañana, mientras estaba sentada tomando el desayuno, vi a la reina del nido de hormigas caminando pesadamente, pero con gran dignidad, sobre el piso de la cocina. Mi primer impulso fue aplastarla, pero de repente me inspiré en la historia de la relación de Simplón con las hormigas en el cuento de hadas. Me puse de rodillas ante esta hormiga reina, inclinando mi cabeza hasta el piso; con una sinceridad y cortesía que me sorprendió, me escuché diciéndole: "O gran reina, he admirado a tu pueblo durante mucho tiempo, pero ahora tengo una petición: Por favor, ¿podrías guiarlo hacia afuera de mi espacio?" Le hable sobre la belleza del jardín. Le dije que no quería hacerle daño ni a una sola de las de su especie, pero que había tantas de ellas y no me estaban respetando. Para mi gran sorpresa, parece que nos entendimos lo suficiente, ya que no tuve ni una hormiga más en mi cocina durante los tres años siguientes que viví en ese lugar.

Otra historia me conmovió profundamente y cambió aún más mi relación con los insectos.

*Un gran santo, Columba, vivió hace mucho tiempo en la isla de Iona, en Escocia. En una de las tantas historias relatadas sobre su vida, se dijo que se había retirado a orar en su celda durante tres días y tres noches, y que mientras tanto nadie debía molestarlo. Sin embargo, una gran mosca negra no se iba de su celda. Después de dos días y dos noches de continuo zumbido, el santo perdió su paciencia y le gritó: "¿Eres una cosa del infierno?" Con ese grito, sus oídos se abrieron y pudo entender la voz de la mosca. "Has dado tu bendición a todas las criaturas de cuatro patas en*

*esta isla," se quejó la mosca. "Has bendecido a los peces y a las*
*criaturas marinas. Has bendecido a los alados pájaros, pero no*
*has bendecido a los alados insectos y yo soy uno de ellos."*

*Cuando Columba escuchó esto, inmediatamente convocó a todos*
*los santos hermanos del monasterio. Reuniéndose en un círculo*
*junto al mar, ofrecieron oraciones y bendiciones por las moscas y*
*todos los alados insectos de esa isla. Desde ese día, Columba y sus*
*hermanos tuvieron a los insectos bajo sus órdenes y vivieron en*
*armonía con ellos.*

Muchas veces esta historia me ha inspirado a hablar firme y con amor
a los mosquitos y a las moscas. He encontrado que por lo general "escuchan". A medida que vuelan hacia afuera por la puerta o la ventana,
les digo, "les gustará mucho más afuera. Por favor díganle a sus parien-
tes que no vengan aquí. ¡Gracias!"

**Narra una historia sobre una abeja, como si esta pe-
queña criatura fuera una parte tuya que supiera juntar
exactamente lo que necesita, aún si el polen estuviera
disperso.**
**Cuenta una historia en la que los insectos comunican
sus necesidades. Deja que ellos les hablen a seres humanos dispuestos a escucharlos y honrar sus pedidos.**

## Serpientes

Las serpientes, con sus sinuosos y sigilosos movimientos y repentinas
apariciones, aportan potente energía a cualquier historia. Una serpiente que habla podría guiar a un personaje hasta donde nunca ha ido antes. Benévola y veloz como el viento en el pasto, podría ayudar a un ser
humano a tomar distancia y tiempo, y así entrar en lugares que de otra
manera le estarían vedados. La habilidad de la serpiente de penetrar
profundamente en lugares oscuros ha procurado que se la asocie con
el principio del mal. Sin embargo, su poder de penetración y de rápi-

dos movimientos puede también reforzar el progreso de un personaje. El miedo inspira el riesgo. Los riesgos asumidos, que terminan de manera positiva, proporcionan un nuevo y refrescante coraje y confianza en la vida. La aparición de un maestro con tales características en el paisaje de una historia, podría exprimirle hasta la última gota de vida a aquellos que no están dispuestos a recibir sus lecciones y enseñanzas. La habilidad de un personaje para escuchar el siseo sibilante de la voz de una serpiente, podría llevarlo a diferenciar a la buena serpiente de la mala, a la que ayuda de aquella que tiene intención de dañar.

Dos serpientes entrelazadas alrededor del Árbol de la Vida son retratadas en la vara sanadora de Esculapio. Ellas representan las energías que interpenetran cada médula espinal humana. Representantes de estas dos serpientes podrían encontrarse en una historia, sus misteriosos ojos capaces de ver a través de la penumbra y la oscuridad, sus bífidas lenguas capaces de cantar, aún en forma extraña, sobre la verdadera causa de la enfermedad de un corazón, cuerpo, mente o sobre una causa política particular. A quien posee la gracia de escuchar su canto y de conocer su significado, podría brindar gran sabiduría curativa a otros en el mundo de las historias. El árbol en el cual se enroscan las serpientes podría también decir grandes verdades para aquellos dispuestos a escuchar, con respeto, su crujiente discurso. En busca de este árbol vital, podría el personaje de un cuento emprender un viaje, para finalmente encontrarlo, quizás, en su propio jardín. Aquello que se encuentra profundo dentro nuestro, a veces debe ser visto como externo, para así poder finalmente aceptarlo como una parte de nosotros mismos.

Una sabia serpiente en una historia, podría también enseñarle a un personaje sobre los chakras humanos; un sistema de energías que está íntimamente conectado con la serpenteante espina dorsal en cada columna vertebral. A medida que aceptes tu temor natural a los poderes "como de serpiente" dentro tuyo, podrás retratarlos tanto ofreciendo veneno como también, sabia medicina. Puedes observar profundamente dentro de ti para encontrar esas formas y características "como de serpiente" que viven y se mueven en todos nosotros.

Permite que una amigable y animada serpiente guíe a
un protagonista donde nunca antes haya estado.

Narra una historia sobre una o dos serpientes que son,
en realidad, médicos disfrazados. Con sus ojos pueden
ver dentro de todo lo que se opone a la vida. El Árbol
de la Vida mismo es su consultorio, un lugar que protege e inspira pautas fantásticas de salud y vitalidad.
Trae una parte tuya, que no está tan bien como debie-
ra, a este espléndido consultorio, y permite que estas
sabias serpientes se enrosquen alrededor tuyo para
diagnosticar y curar lo que anda mal. Relata esta visita
al consultorio como un cuento. ¿A quién más podrías
traer a esta consulta?

## Flores

Cada flor trae energías sanadoras al mundo. Las cualidades de plantas
y flores específicas pueden ser incorporadas a tus historias. Sus formas
estrelladas en las hojas y brotes, sus exquisitos colores y los perfumes
que libremente nos brindan, pueden devenir temas en un cuento. Un
protagonista, que va en busca de una hierba curativa para un rey enfermo, un niño embrujado o una criatura en problemas, podría tener muchas aventuras en campos, jardines, bosques o bajo agua, a fin de
encontrar la planta correcta. La búsqueda de una flor roja sugiere sana
y alegre sangre, una azul o violeta, el despertar y la lucha espiritual, y
una flor amarilla, nuevos, claros y brillantes pensamientos.

En el cuento de hadas "Rapunzel," a la futura madre se le antojan rui-
barbos verdes, entonces , ella, su esposo y la niña deben aprender a tratar con la bruja que los custodia. Todos tenemos alguna vez que
enfrentarnos con el mundo como si fuéramos un débil rey o un amante cautivo. Las flores, tanto reales como imaginarias, podrían ayudar y
sanar nuestra propia voluntad, nuestro corazón y nuestros débiles
pensamientos. Tu puedes hacer que los colores, formas, fragancias y

vitalidad de las flores llenen el mundo de tu cuento con sus hermosos dones.

En un cuento, a través de una flor mágica, el sentimiento puede predominar y hablar. En el cuento clásico "Perronique", de A. Bretón, el héroe entra en un jardín:

> *"Había rosas de todos colores, aulagas españolas, madreselvas rojas y sobre ellas se alzaba una flor que reía; pero un león con una melena de serpientes corría alrededor del jardín, sus ojos en blanco, rechinando sus dientes como dos ruedas de molino"*

El héroe conquista al león y se aleja rápidamente con la poderosa flor que ríe. Cuando la flor se abre, emerge una felicidad radiante como los rayos del sol, que destierra la tristeza y el temor. La flor le ayuda a conquistar la muerte, a lograr un amor duradero y a vencer al brujo más malo de aquellas tierras. Esta flor interior es un aspecto misterioso de todos los seres humanos.

Otra flor poderosa aparece en el antiguo relato alemán "Yorinda y Yoringel". Yoringel la vio primero en sueños y comenzó a buscarla por todas partes hasta que, temprano en la mañana del noveno día de su búsqueda, encontró la "flor de color rojo sangre". Lo que había encontrado le otorgó protección para que pudiera abrir las puertas de un castillo encantado. Esta misteriosamente robusta flor roja abría todas las jaulas en las que la bruja había mantenido cautivas a multitudes de mujeres jóvenes, bajo la forma de descoloridos pájaros. Es un emblema de la salud que fluye de alma a alma cuando el amor verdadero persevera contra los obstáculos.

La primera vez que decidí darle un lugar a mi propia historia de vida en un cuento me sentía muy triste y desesperada. Mi relación con un querido amigo, que amaba la jardinería, se había roto y yo necesitaba encontrar consuelo. Una mañana de primavera comencé muy temprano a escribir, y hacia el mediodía había terminado y ya me sentía mejor. Compartí el cuento con quienes sabía que podrían entenderlo y, a medida que era escuchada, me fui sintiendo aún mejor. A la larga, le envié el cuento a mi amigo, aún sabiendo que algunas partes le serían difíciles de leer. Mi historia comenzaba así:

> *Una vez vivía un jovial anciano rey que era muy vital y noble y que luchaba por el bienestar de su pueblo. Cuando la capa verde de este rey se abrió, reveló una coraza espléndida sobre la cual brillaba un rosal con hojas doradas y plateadas delicadamente grabadas; sobre su ansioso corazón las raíces verdes y rojas de la rosa sujetaban una esmeralda y un rubí.*

Con su comitiva se adentró en un espeso bosque. Durante la historia el rey perdió allí, literalmente, la cabeza y fue reemplazada por la de un gnomo aterrador. Me sorprendí al escribir:

> *Luego, en lugar del rey había un troll con cuerpo de rey. La ira reinaba ahora en su gélido corazón, como también la ingratitud y la codicia. Su voz era ahora un puro grito, dando órdenes y haciendo reproches tiránicos. De sus ojos salía una fealdad apabullante que inundaba todo lo que veía. Su comitiva se alejó. ¿Era éste su compañero, su rey? Los pájaros dejaron de cantar. El rosal en su coraza, que había brillado tan noblemente a la luz matutina, ahora se había marchitado y convertido en un vil espino. Las joyas rojas y verdes cayeron a los pastos oscuros y enmarañados.*

Sólo después de haber escrito este cuento le encontré sentido a su complejo comportamiento. Escribí:

> *Y de allí en adelante, nuevos poderes de verdad crecieron dentro suyo. El había conocido los lugares oscuros. La melodía retenida en su alma, ahora podía ser entonada. La gratitud brilló como una rosa en su corazón. Una lechuza vigiló al troll hasta que este envejeció y cayó por una cascada, con su terrible cabeza, su ira y su amargura, y así murió.*

Poder relacionar a este hombre con la rosa me había ayudado a mirar dentro de las espinosas profundidades de su comportamiento. El lenguaje me sacó de mi misma. Estaba feliz por haber encontrado una manera saludable de lidiar con mi propio dolor y desconcierto. Escribir este cuento me mostró mucho de lo que no había sido capaz de aceptar o ver claramente con mi mente racional.

Una noche de verano le pedí a un grupo de terapia artística que escribiera un cuento, en el que tres florecientes plantas daban sus regalos a un viajero necesitado. Les hablé acerca del trabajo de Edward Bach y de otros que se han unido profundamente al mundo de las plantas. Un asistente social, que brindaba su tiempo y cuidado a otros por completo, y que era incapaz de disfrutar de su tiempo libre, escribió acerca de Zeba, una huérfana de seis años, marginada por su pueblo en la montaña.

*Tenía hambre, estaba cansada y muy débil. Sin embargo Zeba caminó y caminó. La gente pasaba a su lado sin preguntarse por qué esta niña estaba sola, sucia y enferma. A la larga, la niña cayó al suelo. A pesar del miedo que tenía, sintió un pequeño temblor bajo su oreja derecha. Después de un tiempo, se dio cuenta que ese estremecimiento venía de las raíces de un viejo olivo. Esperó, receptiva, a lo que las raíces podrían decirle. ¡Y ellas hablaron! Hablaron suave y cariñosamente, llamándola por su nombre: "Zeba, eres una de nosotros. Tu eres una niña de la tierra. Estás llena de bondad y belleza como nosotros."*
*Para la pequeña Zeba esta fue una experiencia única. Sintió que pertenecía, ¡como si fuera parte de un todo! Pudo ir más allá de su vacío y soledad. Se sintió vivificada, como si hubiera participado de una gran fiesta. Zeba lloró, sintiéndose conmovida y amada. Las raíces le dijeron: "Siempre estaremos aquí; somos tuyas y tú de nosotras". La alentaron a visitar las violetas al lado del camino. Las violetas, que miraban hacia el cielo, le hicieron señas para que se acostara en sus brazos, porque Zeba era una de ellas y ellas pertenecían a la niña. Sintió la bendición de sus espíritus llenando cada parte de su cuerpo.*

El cuento de Zeba ayudó a esta mujer a aceptarse profundamente y poder así volver a su casa a disfrutar de una buena noche de descanso.

Narra una historia en la que plantas de diferentes colores, aromas y cualidades ayudan a un preocupado viajero. Para agudizar tu sensibilidad hacia las plantas
puedes leer Esencias Florales y Sanación Vibracional,
por Gurudas, como también la biografía de Edward
Bach, quien descubrió los remedios de las flores de
Bach.
Visualiza una flor como una varita mágica. ¿Qué cualidades protege o trae a la luz? En tu cuento ¿quién la
utiliza?

# Árboles

Como todos los seres humanos, tú eres un árbol ambulante, que está
misteriosamente conectado a toda la historia de la humanidad y el universo. El Árbol de la Vida y el Árbol del Conocimiento están entrela-
zados dentro tuyo. Los vitales árboles de tus sistemas circulatorio,
nervioso y demás sistemas vitales, te ligan a todos los árboles arraiga-
dos en la tierra. El sol, la luna y las estrellas, los vientos y el agua, todos
los elementos en la tierra te están alimentando. Los "Eddas" en la mitología nórdica, retratan el mundo como un Árbol cósmico, el Yggdra-
sil (fresno del universo). Este sostiene al Cielo, la Tierra y el Infierno
en sus ramas, tronco y raíces. Los seres humanos creados en la "tierra
del medio", se creía que eran tiernos retoños, como pequeños niños
micro cósmicos del Gran Árbol. Todos los cuentos acerca de árboles
pueden representar a este Gran Árbol.
El bosque oscuro, por el cual a veces sientes que deambulas o estás
atrapado, aunque pueda estar lleno de raíces y follajes enmarañados,
posee senderos que te guían a la luz. Dante se encontró en "un bosque
oscuro" que era la antecámara de sus propios retratos del Infierno. Estas profundidades cambrianas son las que sentimos a veces, cuando
imaginamos nuestra mente o cuerpo como un organismo destructivo,
que nos mantiene en la oscuridad y en las sombras. Algunas veces podemos sentir que somos un matorral o un bosque sin fin, que oculta
formas malvadas y temibles. Sin embargo, hay seres amables, tiernos y

luminosos que pueden unirse a nosotros allí. Los senderos que atraviesan estos bosques complicados de nuestro interior, exuberantes, salvajes, secos, fríos, cálidos, siniestros, nos acercarán a los sitios luminosos.
Los claros de estos bosques podrían estar ardiendo, o llenos de hielo y
nieve. Todas las estaciones pueden pasar por ellos, una y otra vez en un
parpadeo, mostrándonos tiempos del pasado o del futuro. Las flores y
la música más dulce pueden surgir de su tierra, como el agua de una
fuente. Un santo podría deambular en uno de esos claros y ofrecer sabias palabras y felicidad. Una bruja podría intentar retenernos cautivos
en una estructura embrujada de su propio diseño, o una bestia podría
cultivar hermosos jardines allí, deseando que la Bella se quede y des-
haga, por fin, el hechizo.

Este tipo de imágenes movilizan nuestras conexiones con todo lo que
nos rodea, protegiendo y estimulando un nuevo crecimiento. En el
cuento de los Hermanos Grimm "Muchas Pieles", la princesa, que hu-
ye del amor incestuoso de su padre, camina toda la noche hasta llegar
a un enorme bosque, para quedarse dormida en el hueco de un árbol.
Oculta dentro de las protectoras cubiertas de la corteza, junta fuerzas
para seguir adelante. El hijo del rey que allí la encuentra, cree que es
una fiera salvaje hasta que finalmente ella le demuestra, a él y a sí misma, que al igual que el árbol, ella lleva dentro suyo su noble y celestial
circulación.
Una niña de cinco años entretenía a su familia con una historia acerca
de un árbol muy grande, pero "no tan alto como el cielo".

*"Tenía 2000 años," dijo ella misteriosamente. "Nunca, nunca mo-
riría". Una nube vino a cubrirlo y protegerlo de un gigante que lo
quería comer. Pero, gracias a la nube, este no pudo encontrarlo.
Cuando el gigante estuvo cerca, unas piedras muy especiales, que
vivían debajo de este árbol, fingieron ser guisantes para que él
nunca supiera lo que realmente eran, evitando así que se las llevara.*

La niña estaba encantada con su cuento.

Narra una historia acerca de un árbol que vence tres
grandes obstáculos y recibe muchos dones en su viaje
ascendente hacia el sol. Permite que este árbol te represente a ti o a alguien que tú conoces y amas.

Permite que un personaje de tu historia, que está muy
angustiado, encuentre seguridad dentro del hueco de
un árbol en lo profundo de un bosque sagrado. Deja
que el árbol le cante a tu viajero hasta que él esté preparado para ser entregado, como un bebé, a nuevas
manos que continuarán cuidándolo.

---

[1] Vasilisa La Bella, de Alexander Afanasyev.

[2] Diosas, en el período Védico de la religion hindú.

[3] *N. de E.* En inglés el término *fairies* (hadas) no tiene género.

# 7 | Poder y protección

Narrar historias transforma el mundo...
*Brother Blue, Maestro de Narración.*

## Zapatos y coronas

Narrar historias nos ayuda a darle forma a las potencialidades curativas que tenemos dentro que nos permiten tomarnos la vida con serenidad y sentido. Con estas potencialidades y tomando una cierta distancia, podemos observar paisajes conocidos y adentrarnos en territorios nuevos. En tus historias, los zapatos podrían tener vida propia. Con gran facilidad pueden llevar a tus viajeros hacia nuevos caminos o regresarlos sanos y salvos a casa. Con nuevas botas o zapatos, un personaje como "El Gato con botas", de repente podría ser capaz de saltar montañas o cubrir largas distancias en corto tiempo. Quienquiera que invente zapatos con estas características será un zapatero especial, cuya aguja, diligencia y habilidad excelentes, permitirán que estos poderes fluyan a través del cuero y los hilos. Tal vez hilos de luz de luna y de estrellas conformarán las suelas y los empeines de celestiales zapatillas de baile. Unas botas de piel de víbora podrían estar untadas con veneno para que proyecten oscuras sombras por donde quiera que el bandido vaya. Los mocasines hechos con cuero de antílope fortalecen los pasos de un bravo guerrero. Unos zapatos llenos de energía podrían transformarse en zapatos de justicia, como aquellos ardientes que usó la malvada madrastra al final de la versión original de Cenicienta. Un candente baile de muerte es el final de "Rumplestiltskin". En "El Enebro", los zapatos rojo brillantes que el niño pájaro regala a su hermana, hablan del hermoso amor que comparten y que ningún mal puede destruir. A veces, los zapatos se deben descartar o enterrar para poder así liberar los pies para otro tipo de movimiento.

En otras historias, las coronas cobran especial relevancia. Una corona es una conexión luminosa con el poder y la gloria supremos. Aquel que recibe una dorada corona podría ser elevado hacia una plenitud indescriptible. Las coronas expresan una gran responsabilidad y un profundo compromiso hacia los demás. La coronación habla de la esperanza de tener un líder sabio y radiante. En innumerables relatos un pobre pastor de ovejas, un jorobado o quizás un simplón, llegan a ser príncipes. Dentro de cada persona existe la esperanza de vencer las muchas pruebas, para así ocupar el trono real al que todos estamos destinados. Percibimos las semillas de grandeza aún dentro de nuestra torpe bondad, y así podemos reconocer las verdaderas cualidades de la realeza, o la falta de ellas, en nuestros líderes.

Así como los zapatos y los pies podrían llevarnos de viaje hacia un trono, también el más humilde de los mortales podría luchar por obtener felicidad, auto dominio, poder y amor, tanto en la vida real como en los cuentos. La sabiduría que encierran las historias protege la conquista de la corona para las almas mansas y puras que, generalmente, reciben el reino. Sin embargo, las coronas al principio de un cuento, a veces están en manos de tiranos, cuyo poder debe ser recuperado por fuerzas morales superiores. Si un viejo rey da tareas aparentemente despiadadas a personas simples, la sabiduría de los cuentos nos enseña que estas tareas se pueden cumplir para sorpresa de todos. En el cuento "Perronique", el héroe vence a las personificaciones de la muerte, la codicia y el mal, para ganar la corona y también su verdadero amor. La corona secreta que como todos los seres humanos llevas, te eleva y ennoblece, conectándote con el trabajo espiritual del universo. Los zapatos mágicos en tus historias pueden conectarte con la tierra entera, y con todo aquello que impulsa a tus personajes a explorar más allá de los confines de la gravedad terrestre.

Imagina una corona. Observa detenidamente sus cualidades. ¿Está hecha de oro, de plata o de los rayos de luna? ¿Es modesta, recatada, grandiosa, espléndida o armoniosa? ¿Está hecha de un material sólido o de sustancia etérea? Quizás esté hecha de musgo y semillas, o de cristales de distintos tipos y poderes. Si es una corona de flores observa la vida y la fragancia con las muchas cualidades curativas de sus colores y formas. ¿Es un nido de pájaros que cantan o está hecha de telas de araña? ¿Tiene forma de templo de Bali, lleno de cadenciosas campanitas doradas o de cristal? ¿Quién tiene puesta la corona? Que aquel que lleve la corona se transforme en la figura central de tu historia. Dale a él o ella un nombre, un reino y un propósito. Se emite un

decreto. Cuando el decreto se promulga, el resto lo debe hacer realidad por completo.
Imagina un zapatero cuya tarea es proporcionar el za-
pato exacto que cualquiera que llame a su puerta nece-
site. Imagina a un lisiado que recibe unos zapatos que
le permiten total movimiento, y a un malvado cuyos
zapatos se paran en seco y quedan unidos a la tierra.

## Vestidos y mantos

Ponerse y sacarse la ropa es una actividad diaria y rutinaria. Sin embargo, gracias al poder de tu imaginación, esta simple tarea podría brillar con un significado nuevo y misterioso. En muchos cuentos clásicos,
cuando una princesa o una joven reina reciben un hermoso vestido es
un gran evento. En la historia original de Cenicienta, los tres hermosos
vestidos de baile le son entregados por un pájaro angelical, que vive en
el árbol sobre la tumba de su madre. Los vestidos llegan a la joven como regalos provenientes del reino puramente espiritual, a donde regresa su madre, después de su muerte. Cada vestido que la hija recibe
tiene cualidades bien distintivas: uno es brillante como la luna, otro
tan radiante como el sol, y el último brilla con el resplandor de todas
las estrellas. Cuando la doncella está lista para ir en busca del compañero de su alma, su verdadero príncipe, recién allí se puede encontrar
con las confluencias celestiales, simbolizadas en los vestidos sagrados,
que la guían hacia una amorosa unión con él.

Una colección similar de vestidos es dada a muchas jóvenes y luchado-
ras almas a medida que suben la escalera hacia su propia y completa
identidad como compañeras, en el gran baile real de la vida y el amor,
con el cual culminan muchos de los cuentos clásicos. A veces estos vestidos eran transportados en "cáscaras de nuez" o en bolsas, hasta que
llegara el momento de ser usados. Allerleirauh se disfrazó con muchas
pieles antes de escaparse del libidinoso castillo paterno, llevando sus
vestidos bien guardados en una nuez, hasta que pudiera encontrar un
reino más sabio donde su amor pudiese hacerse realidad.

Cuando un héroe recibe un manto, este le puede dar el poder de ser invisible, o darle protección durante un conflicto o una batalla. Con el manto mágico, él podría viajar velozmente o aún volar hacia su meta final. O cuando se lo posa sobre sus hombros, puede pedir todo lo que su corazón desee. Los vestidos brillan en el aire alrededor de la púber princesa, o de la florecida reina como una nube celestial. Vestidos y capas forman una unidad, ambos son necesarios en una historia equilibrada, donde los personajes masculinos y femeninos, son tomados como partes de todos nosotros.

En el lenguaje de los cuentos, puedes ver y aceptar las radiantes vestimentas de la completa identidad de tu alma. Puedes ponerte y sacarte los vestidos de tu naturaleza celestial, y los mantos de fuerza, coraje y viril perseverancia.

Una mujer que sentía mucho cariño por el hombre de quien se había divorciado, le escribió un cuento para su trigésimo quinto cumpleaños. La madre de su ex-esposo se había suicidado cuando él era niño. Por años, él había luchado para recuperarse del impacto y la confusión que le produjo este acontecimiento, y hallar su verdadero ser. En el cuento, ella le dio el papel de príncipe de cristal, hijo de una madre de cristal. Ella sintió mucha alegría al haber recreado su vida a través de imágenes positivas. El cuento comenzaba así:

*El rey maldijo a su esposa y con un hechizo cruel la transformó en una mujer de cristal. Su hijo, que todavía no había nacido, también era de cristal, y así podría también fácilmente hacerse añicos. Para buscar ayuda, la joven reina dejó el castillo en medio de la noche, y penetró en el bosque encantado guiada por una bruja disfrazada. Finalmente, el bebé nació. El dolor de la reina se incrementó al ver al indefenso príncipe de cristal. "Debes ayudar a mi hijo", le dijo a la bruja. ¿No hay nada que puedas hacer por él?"*
*"Sí, hay algo que puedo hacer", contestó la bruja. "Puedo darle una armadura impenetrable que impedirá que se haga añicos".*
*"Entonces debes hacerlo inmediatamente", dijo la reina.*
*La bruja tomó una pequeña bolsa negra de su alacena. Luego sa-*

có de la bolsa una sustancia misteriosa que espolvoreó sobre el
cuerpo del diminuto príncipe de cristal. Su apariencia cambió inmediatamente. En ese mismo instante, comenzó a llorar.
"¡Rompiste el hechizo!", exclamó la reina. "Ya no es más de cristal".
"Te equivocas", dijo la bruja. "Lo que ves es la armadura. Parece
piel, ¿no? Nadie se dará cuenta de que él es un príncipe de cristal".
"Pero, ¿por qué llora?", preguntó la reina mientras se inclinaba
para acariciar su rostro. "¡Ay!", ella exclamó, "esta armadura que-
ma como el fuego. Sácaselo, bruja. Lo está lastimando".
"Sólo será quitada cuando él pronuncie la palabra armadura" dijo la bruja.
"Pero, él no puede hablar. Bruja, cuán malvada y cruel eres. ¿Qué
podré hacer?". En su agonía la reina se tropezó con una silla de
mármol, cayó sobre el piso de piedra y se rompió en mil pedazos".

La historia continuaba así:

El príncipe creció y a causa de su armadura encantada quemó a
muchos cuando andaba en busca del amor. Finalmente encontró
a una princesa que comprendió su dilema. La princesa dijo: "Hay
algo que te impide ser tocado".
"¡No es verdad!", exclamó el príncipe.
"Tu madre lo quiso para tu protección", continuó diciendo la
princesa, "pero si no renuncias a ella, nunca serás libre".
"No entiendo de qué hablas", dijo el príncipe.
"Es lo que nos quemó, es lo que siempre te ha quemado", dijo ella.
La miró boquiabierto. "¿Mi armadura?", exclamó. Al pronunciar
la palabra "armadura", ésta se disolvió, y por primera vez desde
que era niño, el príncipe fue transparente y vulnerable. Él sorprendió a la princesa con un grito de éxtasis puro. "¡Ya no que-
ma!"
"Cuidado", dijo la princesa, "ahora podrías romperte".
"No me importa", gritó mientras se zambullía en un profundo
manantial. Él ahora también podría ser tocado por el amor.

Luego de que la autora compartió esta historia con su ex-esposo, ella escribió: "Es para demostrarte cuán real la armadura de la historia es". Después de leer la historia él le preguntó: "¿Se supone que esto tiene algo que ver conmigo?" Como sea que esta historia haya afectado la vida de él, las imágenes y la trama le sonaban verdaderas a ella. El crear su cuento había sido una gran experiencia liberadora. Ella había imaginado a su ex-esposo libre de su doloroso caparazón protector.

Otra mujer quería ayudar a un colega y amigo a vencer una enfermedad hereditaria de la piel. Ella creía que esa era su manera de defenderse del mundo cruel. En su irónico relato, ella se imaginó a todo su sistema inmunológico como una espléndida armadura:

*...una defensa perfecta contra cualquier flecha o espada. El niño que crecía se preguntaba cómo se veía el mundo a través de las pequeñas aberturas de su casco. Descubrió que desde allí tenía una visión muy estrecha y restringida. Leopoldo sólo podía ver lo que estaba directamente frente a él y a la altura de sus ojos. Dentro de la armadura, imaginaba que se veía noble y gallardo. Se transformó en un poderoso guerrero sediento de batallas. ¡Estaba orgulloso de su hombría y listo para la vida! Sin embargo, cuando por fin había crecido lo suficiente para ponerse la armadura completa, no se la podía sacar. Cuando trató de levantar el viso de su casco, éste no se movía. Con el casco atascado, Leopoldo no podía ver para encontrar todos los broches, los ganchos y las tiras que unían las placas de la armadura. En realidad, estaba atrapado, encarcelado en su espléndido traje de metal.*

*Leopoldo sufría los numerosos encuentros con orgullo, hasta que finalmente un niñito lo descubrió. El niñito tenía una hermosa y buena hermana, y una sabia madre. Las rígidas formalidades de la hombría, aceitadas y aflojadas por este trío benevolente cayeron. Luego el niñito y el poderoso caballero bajaron juntos por la colina, tomados de la mano, hacia la cabaña desde donde provenía un rico olor a comida, que les daba la bienvenida.*

La autora de esta bella historia también se desilusionó cuando, habiendo encontrado el momento correcto, compartió este relato con su colega. Ella quería mostrarle algo que él no comprendía sobre sí mismo, pero él demostró muy poco interés en su historia. Sin embargo, en el proceso de escribirla, ella se había iluminado considerablemente acerca del eventual camino de curación que él podría tomar.

Otra mujer escribió un cuento que resaltaba el sentido del tacto:

> *Cuando la niña tocó la serpiente, esta inmediatamente mudó su piel, la cual se transformó en siete trozos de tela, que la niña podría usar para ser llevada más allá del bosque. El primer vestido que se puso era de una tela rústica y despareja. Impedía que las espinas llegaran a ella, también la protegía de las marañas que encontraba al acercarse a la frontera del bosque. El siguiente vestido era más liviano y más suelto, ya que ahora se había librado de las espinas. Cuando llegó al último vestido, éste era como la piel, suave, tersa y perfecta. Mientras se lo ponía, iba llegando a la orilla del gran y brillante mar: le permitía entrar al agua y nadar con todas sus fuerzas.*

Al final de este cuento, la niña llegó a ser una princesa con muchos hermosos, largos, y vaporosos vestidos para lucir.

> Crea una historia en la cual un vestido o vestimenta sirve como protección a quien la usa durante ciertas aventuras. Luego permite que él o ella la descarte o la guarde con gratitud, o quizás también, con alivio.

> Permite que tu héroe o heroína, reciba una vestimenta que lo conecte con las estrellas de su nacimiento, y que lo guíe y conduzca a su destino. Deja que el cuento retrate las ocasiones en las cuales estas vestimentas fueron usadas.

# Pelota dorada

Muchos cuentos tradicionales nos muestran a un niño jugando con una pelota o un aro de oro, que se pierde inadvertidamente. Podría desaparecer al caer en una fuente, como ocurre en "El Rey Rana", o en la jaula de un hombre salvaje, que había sido encontrado en un lago de un bosque peligroso, como en "Juan de Hierro", ambos cuentos de los Hermanos Grimm. O quizás podría perderse detrás de la iglesia, como en el cuento de "Childe Roland". El juguetón apego que el niño siente hacia esta brillante pelota, hecha del más sagrado de los metales, lo conduce hacia nuevas aventuras. Estas continúan, hasta que la pelota regresa cuando llega la resolución, y con ella se obtiene una sensación de mayor integridad.

Aquello que había sido un juguete de niños rodó exactamente hacia donde los maestros y las lecciones de vida estaban esperando.

Todo niño atraviesa estas transiciones cruciales cuando pierde su sensación de seguridad, al adentrarse en un mundo más amplio. La pelota simboliza las ondas cada vez más grandes de nuestra circunferencia, mientras encontramos el camino que nos lleva y nos saca de aquellas experiencias necesarias para crecer. También simboliza ese dorado centro que nos sostiene mientras salimos en busca de nuestro Ser más amplio. La sabiduría que brilla en nuestro interior nos ayuda a sentir, e ir en busca, de las delicadas cualidades de la vida y el amor. El niño en tu interior juega con el sentido de integridad. Cuando éste parece haberse perdido, puedes estar seguro de que hay una lección preparada para ti al ir en su búsqueda.

Una madre de tres niños pequeños que necesitaban límites, sentía terror de contar un cuento, que no saliera directamente de un libro. Un día, sin embargo, al regresar a su casa descubrió que la irresponsable niñera había permitido que sus hijos hicieran todo tipo de destrozos dentro y fuera de la casa. Ella sintió deseos de gritar.

... "Le dije a la niñera que se retirara. Todo estaba fuera de control. Yo había llegado a mi límite. Pero prendí el fuego en el hogar, y me senté

en la mecedora. De pronto, mientras me mecía, vi a mis pies la pelota
roja de mi hijo. No sabía qué hacer para que todos pudiéramos reunirnos. Fue una experiencia de lo más extraña. El cuento salió de mi interior. En mi historia, un niño hacía rebotar una pelota roja. Rebotó y
rebotó hasta tocar las nubes. Desde allí rebotó hasta llegar al sol y la luna. Luego, rebotando, bajó nuevamente; ahora era una pelota dorada.
No podía creer que un simple cuento pudiera poner todo en su lugar.
Me quedé atónita. ¡El cuento había durado sólo cinco minutos! Desde
entonces, el contar cuentos ha sido una parte muy significativa en
nuestras vidas. Es como si los cuentos anduvieran por allí todo el tiempo, esperando que yo los encuentre".

Imagina una historia en la cual el protagonista entra en
una esfera que se parece a una burbuja iridiscente, que
puede flotar por todos lados. Un gran viento lleva esta
luminosa pelota translúcida donde nuevos puntos de
vista puedan lograrse.

Imagina siete pelotas de diferentes colores, unas dentro de otras como las capas de una cebolla. Deja que cada capa represente un episodio de tu historia y que la
misma narre un viaje hacia el dorado centro; que puede ser una potente semilla, una piedra sanadora o una
esencia de alegría.

Visualiza una resplandeciente esfera sagrada que rue-
da desde tu niño interior hacia un lugar donde debes
aprender lecciones importantes. Cuenta tu historia
personal como si fuera un cuento de hadas por ti creado...

## Piedras y talismanes

Cualquier pequeño regalo de transformación y sanación que un ser
protector ponga en las manos de los personajes de tus historias puede

promover el progreso universal. Puede conectar al portador con poderes más elevados, que han sido enviados para que él avance. La confusión y la impotencia nos acechan a todos. Algunas veces, un estado de
pena persiste por un largo tiempo hasta que, tanto en los cuentos como en la vida real, aparece un redentor invisible o con alas de ángel, o
usando una chaqueta raída o el gorro de un bufón. Este misterioso ser
es el que ofrece el regalo. Cabe en el bolsillo o se ajusta rápidamente en
un dedo o alrededor de la muñeca llevando las vibraciones de la bondad pura, el poder ordenador del universo y el amor. La naturaleza
exacta de la piedra podría interesarte como narrador de historias. La
rodocrosita, la lepidolita, la cornalina, los cristales claros y oscuros, todos poseen, al igual que las flores, diferentes cualidades de sanación.
La piedra podría ser indefinida, pero está cargada por los poderes
amorosos de quien la brinda. Desde ese momento, la piedra proporciona fe y coraje a quien la haya recibido.

Los talismanes también aparecen en los cuentos, curiosos objetos ta-
llados con insignias u otras señales simbólicas. Cuando un talismán es
encontrado en el camino o nos es dado, al igual que la piedra, nos con-
fiere un determinado don sobrenatural. Podría haber sido otorgado
por un sabio gobernante, en una gran ceremonia pública; podría haber
llegado en forma silenciosa en un momento inesperado a través de un
espíritu guardián o una bruja bondadosa; podría haber sido dejado
por el aleteo de un gorrión angelical para transformar alguna situación
específica. O quizás, haya sido encontrado mientras el protagonista está cosechando papas o sirviendo agua de una jarra.

Le pedí a un grupo de niños de entre nueve y once años que en grupos
de dos o tres, crearan un cuento donde la bondad sale victoriosa. Dos
de ellos inventaron una obra de teatro usando títeres y telas de colores
para representar el castillo, el lago y el bosque, donde la sombra y la luz
se entretejían en torno a una sabia mujer.

*La princesa le pidió permiso a su madre, la reina, para jugar cer-
ca del lago.*
*"Muy bien, hija mía, ve y disfruta".*
*La princesa llevó su querido cristal con ella. Al principio, no se*

*dio cuenta que éste había desaparecido. Al descubrirlo, lloró in-*
*tensamente. "Pato", rogó, "¿has visto si algo cayó en el lago?"*
*"¿Podrías buscarlo por mí?"*
*La reina estaba esperando a su hija en la sala del trono. "Hija*
*mía, ¿querrías tener otro cristal?"*
*"No, no, no". La princesa continuó llorando en su habitación por*
*muchos días. Cuando finalmente salió, se sentía diferente. Egoís-*
*ta. "Es tonto llorar por algo tan pequeño. Sí, madre, cómprame*
*otro".*
*"Algo muy malo está pasando con la niña", dijo la reina.*
*Una fuerza obligaba a la princesa a buscar su cristal aunque, su-*
*puestamente, a ella ya no le importaba. La reina fue al bosque*
*donde se entretejían la luz y la sombra. Fue a buscar a "Plumas*
*de la Verdad", la sabia mujer india.*
*"Amable Plumas de la Verdad, mi hija, ha tenido un amado cris-*
*tal desde el día en que nació. Lo ha querido tanto que su bondad*
*está dentro de él. Cuando el cristal desapareció en las aguas del*
*lago, toda su bondad y su generosidad desaparecieron con él...*
*¿Qué debo hacer ahora con mi cruel, egoísta y maleducada hija?"*
*"La piedra debe ser buscada por tu propia hija. Nadie puede ha-*
*cerlo en su lugar", esas fueron las palabras de la sabia india.*
*"Hija mía, ve y busca tu cristal", dijo la reina. "Este fue un rega-*
*lo que tu padre y yo te dimos. Te lo ordeno".*
*La princesa buscó, " Quizás se perdió en el barro". Ella se quedó*
*dormida y al despertar se sintió diferente. "Debo buscar en el la-*
*go", dijo. Una vez más se acercó al pato para pedirle ayuda.*
*"Debes nadar hacia esas aguas doradas". (El narrador colocó una*
*pequeña tela dorada sobre una azul e hizo que el títere pato na-*
*dara hacia ella). El pato se sumergió en las telas doradas y azules*
*hasta desaparecer bajo ellas, y finalmente encontró el cristal.*
*"Oh, gracias. ¿Cómo puedo agradecerte? La princesa regresó pa-*
*ra contarle a su madre su buena fortuna. "¡La he encontrado!".*
*"Haremos una gran fiesta", exclamó la bondadosa reina. Luego*
*se dieron un fuerte y largo abrazo.*

**Cuenta un cuento en el que un talismán mágico se re-**
**gala, se pierde y es hallado nuevamente. Permite que el**

talismán represente un aspecto de tu corazón.

Imagina una piedra que te da placer. Quizás se ha salido de una joya de familia, o es la piedra que te corresponde según el Zodíaco. Para aprender acerca de las
cualidades de las piedras comunes y de las no comunes, podrías consultar libros especializados. Permite
que un inocente personaje realice un viaje en el cual
una piedra le revela su significado.

## Semillas y nueces

Sea tu cuento alegre o serio, una semilla o una nuez mágica en posesión de uno de tus personajes podrían anunciar fabulosas sorpresas
que lo están esperando. Un roble enorme y generoso está contenido en
las escamas de una bellota. Las nueces, con sus divisiones exactas entre los dos lóbulos, se asemejan al cerebro humano. Cuando algo importante es mantenido dentro de una nuez, y permanece allí
secretamente guardado, es como si lo que había sido completamente
desplegado, ahora ha sido reabsorbido dentro de una concentrada semilla. Podría estar guardada prolijamente en su interior una mágica
mesa, que cada vez que fuera necesario, proveerá comida y bebida al
cansado viajero. Esta nutritiva nuez cabe perfectamente en un bolsillo.
Podría ser necesario un conjuro para que su bondad sea desplegada;
un mantra que reúna su sustancia material con su esencia. Quizás haya estado en manos de un gnomo, o de una sabia mujer que la ha entregado en señal de agradecimiento. Demuestra la fuerza y la belleza
que pueden surgir de la más pequeña de las semillas de una buena acción. En algunas historias, el universo entero está contenido en una
nuez encantada, que es llevada por una princesa hasta que ella esté lista para desplegar su plenitud al consagrar su ser al amor.

Tu "cerebro nuez" es una misteriosa semilla del universo entero. Leche
y miel, una generosa mesa de abundancia, envolventes ropajes de belleza, mantos y varitas de sabiduría y poder, están escondidos en los

misteriosas pliegues "anuezados" de tu mente, listos para desplegarse
en tus historias.

> Imagina una semilla: su color, forma y tamaño. Deja
> que la semilla de tu historia caiga en tierra, sea esta
> hostil o acogedora. Una tierra que rechaza o una tierra
> dulce y fértil tienen un efecto inmediato en la pequeña
> semilla. Permite que ésta semilla duerma, y luego se
> despierte. Sus raíces buscan los nutrientes necesarios.
> Quizás, si una piedra o el asfalto obstruyen su paso,
> pueda recibir una gran bendición de rayos del sol o
> una canción cristalina proveniente de un arroyo cerca-
> no. Al alcanzar la luz, permite que perciba su alegre ex-
> pansión: de la pequeñez a la grandeza.

> Narra una historia sobre una nuez que guarda un pre-
> cioso poder que no has podido expresar plenamente en
> tu vida. Permite que durante el cuento, una persona sa-
> bia diga las palabras que liberan el poder escondido de
> la nuez. En el cuento, y después de que se abra la nuez,
> quizás podría haber una celebración en la cual están
> presentes el rey, la reina y todo su reino.

## Cuenco dorado

Profundo, en el corazón de todo ser humano, brilla un cuenco invisible. En su interior son acogidos los regalos que los demás nos dan: palabras, gestos y pensamientos amorosos. La búsqueda del cuenco de
oro es antigua y sagrada. Una anciana madre, el hijo de un mendigo, o
una tortuga que sale a la superficie pueden ser los sabios que ofrendan
este cuenco. Podría ser encontrado en un árbol hueco, o en la torre de
un castillo, y aunque desgastado o resquebrajado, podría sentirse que
representa al corazón de la receptividad. El que va por el mundo sin este cuenco, podría ser incapaz de recibir lo que los demás le ofrecen, y
como resultado, enfermarse. Quizás la capacidad de recibir se ha per-

dido, o se la ha dejado de lado descuidadamente y se ha transformado en un cuenco rústico y quebrado. Sin embargo, un cuenco que se ha perdido, podría también ser recuperado. Un cuenco descuidado y roto podría ser, en realidad de oro, tal como un príncipe podría estar disfrazado.

En los misterios del Santo Grial, cuando la capacidad de recibir la bondad y la abundancia ha sido devuelta al rey, él se cura de su enfermedad y su salud radiante brilla sobre todo su reino. El castillo de este rey es como el castillo de "La bella durmiente del bosque", de los Hermanos Grimm, que vuelve a la vida gracias al poder del amor. La sedienta desesperación del envejecido rey en las leyendas del Grial, y el profundo desencanto de la vida de la princesa adolescente, son dos aspectos de nosotros mismos. Estos dos se disuelven en una alegre vitalidad al experimentar el verdadero amor.

En mi canasto de títeres, reyes y reinas, siervos y criadas, princesas y bufones, víboras y osos duermen entremezclados con brujas exóticas y chamanes. Sobre el canasto coloco telas de colores vibrantes y allí descansan los títeres, como arquetipos de incógnito. Un sábado por la tarde, cuando daba un curso para adultos en mi casa, les pedí a todos que eligieran dos títeres y que dejaran que se relacionen entre sí. Un guerrero Indio Americano y un mago de aspecto malvado llegaron a las manos de un "adicto al trabajo". La lucha comenzó. El guerrero se liberó de la tela roja danzando exultante sobre la cabeza del hombre, mientras tanto, el títere de su mano izquierda se oponía con energía y trataba de aplastarlo sentándose sobre él. Al otro lado del círculo, una joven princesa de África que estaba en la mano derecha de una mujer, se desenrollaba lentamente de una seda fantasmal, y era lastimada una y otra vez por la imponente presencia velada en su otra mano.

Les pedí a estos dos integrantes que emprendieran un viaje con sus títeres hacia un lugar bello, y que hicieran frente a cualquier obstáculo que encontraran en su camino. Con el entusiasmo que les provocaba la tarea, comenzaron el diálogo sin dificultad.

*El guerrero deseaba ir en busca de un cáliz, que según la leyenda,*
*contenía un elixir que le permitiría encontrar la felicidad.*
*"¡Estás feliz! Pareces feliz", dijo su compañero.*
*"Sí, parezco, pero no me siento feliz".*
*Entonces partieron juntos. Fue un largo camino. Casi de inme-*
*diato llegaron al Pantano del Desaliento, (que ellos armaron so-*
*bre sus rodillas con telas de color oscuro, mientras continuaban*
*hablando). Juntos encontraron la manera de conseguir la ayuda*
*del guardián de ese pantano y así lograron continuar su viaje.*
*"¡Oh, un mar de Peligro y de Enojo!" (Coloqué una larga tela ro-*
*ja y ellos se arrodillaron con los títeres en las manos para enfren-*
*tar este nuevo desafío. Dialogaron por un rato, sus voces casi*
*inaudibles por la intensidad de sus sentimientos). El títere "mar"*
*gradualmente los fue envolviendo hacia las profundidades de su*
*rojo poder, hasta que estuvieron completamente envueltos en él.*
*Luego se dieron cuenta de que no pertenecían allí, y salieron.*

*Así llegaron a la Tierra de la Pureza. Ahora estaban más cerca de*
*su objetivo, y el guerrero dijo que casi podía saborear el elixir. El*
*sol brillaba afuera, en la ventana, detrás de los títeres. Por la*
*emoción que sentían hablaban en forma reverente y con una ho-*
*nestidad sin precedentes acerca de aquellas tentaciones que los*
*habían mantenido alejados de su objetivo.*
*"Esto me asusta", dijo el guerrero.*
*"A mí también", dijo su compañero.*
*"Estoy dispuesto a arriesgarme si tú lo estás".*
*"Si unimos nuestros corazones, el mío se romperá cuando tú te*
*vayas".*
*"No. Me perderé a mí mismo si nos unimos".*
*"¿No es posible estar separados y ser uno a la vez?"*
*Los títeres aventureros se acercaron al vidrio de la ventana y con-*
*templaron una luminosa visión. Percibieron el cáliz, "¿Cómo ha-*
*cer para lograr superar juntos este último obstáculo?" "Debemos*
*unir nuestras mentes y crear un pensamiento que nos permita su-*
*perarlo".*
*"Pienso que tendremos que unir más que nuestras mentes, debe-*
*mos lograr una unión completa y total." Así, envolvieron sus títe-*

*res, los inclinaron hacia la luz y permitieron que estos bebieran del cáliz.*

Permite que durante el transcurso de tu historia, un cuenco simbólico se dañe y se rompa en mil pedazos. ¿Cómo se podría reparar este cuenco?

Deja que uno por uno tus personajes vayan a buscar el cuenco o cáliz que le devolverá un sentimiento de calidez y plenitud a una tierra fría e insensible. Al final de tu historia, deja que un niño, que puede ver dentro de lugares secretos, encuentre el cuenco. ¿Quién protege y guía a este niño? ¿Cómo es recibido este cuenco por los demás luego de haber sido encontrado?

## Espadas, lanzas y varitas mágicas

Desde que se empezaron a narrar historias, las armas han brillado y acechado, creando emoción, asombro, dolor y obsesión, con el fin de obtener protección, represalia y venganza. Los relatos que demuestran el uso inteligente del poder traen paz y alivio a todos los corazones.

De la escuela de antiguos misterios de Chartres y de otros centros de sabiduría, emanaron cuentos de un gran ángel-héroe, que podría guiar al pueblo hacia la verdad. Su poder se percibía como una espada, ya fuera que saliera de su boca o de su mano, irradiaba una resplandeciente luz dorada. Esta espada es la energía concentrada, el centro de un gran poder físico y de penetrantes percepciones. Es como un ojo o un brazo cósmico del ser interior, que permite, al que la posee, percibir y ejercer el poder aún hasta en las estrellas. Este ojo y brazo pueden ver y alcanzar los designios buenos y malos del universo.

La historia de "San Jorge y el Dragón" se ha transmitido a través de los siglos con un mar de sutiles variantes. San Jorge, en la antigua versión inglesa, es un emblema de esta noble figura que ejerce la bondad. Muchas veces ha sido representado introduciendo su espada por la caótica garganta del dragón, o atravesando su tenebroso corazón. Cuando él ha sometido al dragón, brota una nueva vida, llena de amor, celebraciones y nobles intenciones.

Una espada con punta redondeada no mata. Representa la disposición de encontrarse con el enemigo sin perder la vida. Su capacidad de matar es llevada adentro, para transformar el impulso destructivo en uno mismo y en los demás. Esta "espada" de la verdadera compasión, ejercida por Mahatma Gandhi y muchísimos más a través de la historia, la usan aquellos que tienen la habilidad de mantenerse con rectitud en sus historias, habiendo vencido la necesidad de esconderse detrás de las armas y otros dispositivos de clandestinidad y agresión. Sus cuerpos han sido penetrados por completo por esta espada de luz.

En la mitología de la Búsqueda del Santo Grial, el caballero del Grial quiere encontrar y tener la capacidad de entender a la lanza que traerá salud al rey y a todo su pueblo. La mítica lanza de la vida se puede ver, al igual que una varita mágica, viviendo dentro de todo ser humano. La lanza es una parte del Árbol de la Vida que, aunque fuese arrancado, brotará nuevamente cuando esté en manos de su dueño. A veces se utiliza la lanza como un arma contra una fuerza maligna. Podría también representarse como un bastón con brotes y flores enroscadas en la madera. Siempre que la lanza se quiebre o se pierda, se manifestarán el dolor, la debilidad y la privación. Todo aquél que la posee y la maneje bien, obtendrá paz y plenitud verdaderas.

En el folklore tradicional de ciertas tribus de indios americanos, las varitas de poder son construidas según los ritos de la comunidad con hierbas y piedras sagradas entrelazadas con ataduras de plantas y de animales. Estas podrían llegar a ser varas de poder capaces de lograr todo tipo de cambios. Tú, como narrador de historias, tienes el poder de colocar estas piezas en manos de tus personajes, para bien o para mal. En los reinos de tus cuentos puedes encontrar y alzar la espada, la lanza o la vara cargadas de sabiduría, para que el bien pueda prevalecer.

Una niña de diez años concibió un cuento sobre una reina que poseía un cetro mágico. Al mirar su punta, explicó la joven narradora: "la reina podía ver allí todas las cosas malas que estaban sucediendo en su reino y cómo podría corregirlas". Cuando perdió este cetro "una capa de ira y amargura tomó posesión de su vida". Sin embargo, al final del cuento, el cetro mágico de vida fue devuelto en medio de gran júbilo y los poderes visionarios de la reina volvieron a florecer.

**En el paisaje y en el transcurso de una historia, describe las tareas que deben llevarse a cabo para transformar el miedo en amor.**

**Cuenta la historia de un fabricante de varitas que atraviesa siglos y tierras, creando una infinita variedad de estos instrumentos de transformación.**

# 8 | Cómo nutrir la narración

Narra historias por siempre, para que cada granito de arena y cada pequeño ser que llegara a existir, las pueda escuchar.
*Brother Blue, Maestro de Narración.*

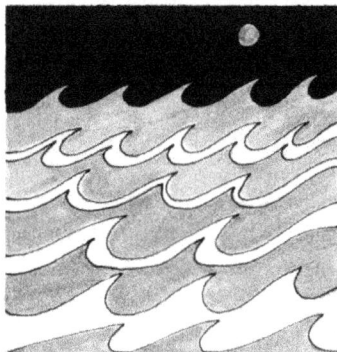

A menudo, el lenguaje es menos utilizado para expresar
sentimientos y pensamientos genuinos que para ocultarlos,
encubrirlos o negarlos.
*Alice Miller*

Debido a que existe en todo ser humano el impulso y la habilidad natural para la narración de historias, una pequeña nutrición de este impulso puede producir resultados asombrosos y encantadores. Los niños que fueron motivados escuchando cuentos narrados por sus mayores, a menudo producirán cuentos exquisitos y profundos, aún a una temprana edad. Los padres que cuando niños no experimentaron la narración en sus propias familias, podrán descubrir las capacidades maravillosas que quizás estuvieron escondidas en su interior por muchos años. Los niños, especialmente justo en los momentos del despertarse y del quedarse dormidos, pueden inspirar nuestros mejores cuentos. Las fuentes de la imaginación fluyen, libremente, a través de ellos. Cuando nos sentamos junto a los niños y los miramos profundamente a los ojos, podemos encontrar los comienzos exactos y las energías de los cuentos que ellos necesitan escuchar.

Un científico le había contado o leído un cuento a su hijo, casi cada noche, durante nueve años. Su hijo ahora tenía doce años, era muy sensible, pero también se sentía lleno de confianza.
Su padre habló sobre la importancia que tenía la narración en su familia: "Mientras que yo siga narrando, la historia se desarrollará" dijo.

*"Es muy notable observar lo que va sucediendo ante mis propios ojos. Encuentro que en mis cuentos siempre hay algo acerca de mí, un recuerdo, quizás con una pequeña modificación. Por lo general, también pongo un poco de magia e incluyo una nota de humor. Mis cuentos no son precisamente salvajes vuelos de la imaginación. Cuando nuestro hijo era pequeño, le contaba historias sobre cosas reales que le habían ocurrido a él durante el día, pero en forma de cuento. Cambié su nombre por el de Joey. ¡Era extraño cómo las mismas cosas que le pasaban a él le sucedían a Joey! No son necesarios grandes mensajes: levantarse, actividades en familia, las comidas. Reafirmar sus propias experiencias.*

*Aprendí que para él mis historias nunca fracasaban.*
*Todas las noches nos conectábamos. Él estaba conmigo. De esta*
*manera descubrí el vínculo que podría darse entre un padre y un*
*hijo. Una de mis mayores objeciones a la televisión es que les roba*
*a los padres este tiempo de creatividad con sus hijos. Queríamos*
*que nuestro hijo confiara en los poderes de su propia imaginación,*
*en su capacidad para emitir juicios y actuar. Hasta el momento*
*consigo darle eso a través de los cuentos.*
*El acontecer imaginativo se convierte para el niño en una podero-*
*sa herramienta para la vida. Veo esto en mi propio trabajo. Las*
*personas no deberían menospreciar el poder de la imaginación y*
*la intuición para guiar sus actividades. El mundo se detendría si*
*tuviéramos que esperar a que la ciencia nos proveyera con todas*
*las respuestas sobre cómo vivir la vida".*

La esposa de este extraordinario hombre siempre ha mostrado un profundo y vivo interés por sus cuentos, sin embargo, no interfiere con el
vínculo que se genera entre padre e hijo por las narraciones comparti-
das; es un tiempo de descanso y renovación para ambos. A veces los
padres colaboran con su hijo para intercalar algún aspecto de la historia durante el día.

Ya sea que cuenten cuentos a sus hijos, o a desconocidos, uno de los
principios rectores más útiles es usar el estilo del lenguaje y las imágenes que predominan en los estados de ánimo de quienes escuchan.
Una persona apasionada no disfrutará de una trama lánguida. Del
mismo modo, un grupo excitable y lleno de energía no se quedará
tranquilo hasta que les llame la atención algún elemento acorde a su estado de ánimo: un monstruo que larga fuego, una tormenta descontro-
lada o un gobernante autoritario y demandante. Quienes amen la luz,
la risa y las travesuras no se sentirán atraídos por episodios profundamente trágicos. Un oyente satisfecho probablemente preferirá un cuento lento y bien ordenado. Es probable que un oyente que se sienta
triste prefiera ver, por lo menos, un personaje que esté transitando por
situaciones adversas.

Como narrador de historias puedes transformar situaciones, personas y cosas comunes en imágenes simbólicas de múltiples niveles y facetas. Un grupo de padres que deseaba fundar una escuela para sus hijos basada en sus propios ideales, se reunió para explorar el arte de la narración. Una noche, trabajamos con el cuento "La bella durmiente" por varias horas. Primero lo leímos lentamente y en voz alta, pasando el libro de mano en mano, reunidos en círculo. Luego de explorar la imagen del muro de espinas que protegía a la princesa durante su sueño profundo, les pedí que comenzaran a escribir. Dije: "Imagina que eres el muro de espinas. Sumérgete en el espinoso arbusto de la agonía adolescente. Comienza con una declaración de "yo soy" como, por ejemplo: "Yo soy una rosa con espinas".

Una madre excepcionalmente práctica se sorprendió muchísimo cuando escribió:

*Soy una impresionante zona espinosa.*
*No puedo comunicarme con nadie,*
*nadie se puede comunicar conmigo.*
*Es difícil dar amor sin un pinchazo.*
*Es difícil aceptar el amor sin dolor.*
*¿Cómo puedo llegar a la amorosa belleza que sé que existe?*
*¿Qué puede cambiar esto en lo que me he convertido?*
*Insensible a los demás. Insensible a mí misma.*
*¿Cuándo voy a despertar y sentir la anhelada suavidad?*

Cada uno leyó tranquilamente y en voz alta su propio cuento. También trabajamos con crayones. Luego dije: "Escribe un fragmento que comience con 'yo soy una rosa.'" Al terminar el ejercicio, la misma mujer escribió:

*"En el tonel de oro mis pétalos y mi esencia perduran hasta el fin del mundo".*

Algo había estallado en su interior. Se había descubierto a sí misma en una forma nueva.

Varios años después juntas recordamos esta sesión. La escuela había sido fundada con éxito y le habían puesto el nombre de un tipo de rosa silvestre de la región. Ella dijo que el símbolo del muro de espinas, que estaba protegiendo a esa hermosa pero vulnerable belleza que se encontraba en el castillo del cuento de "La bella durmiente", la había movilizado profundamente. De pronto parecía que se había despertado el libro de imágenes que habitaba en su interior. Descubrió que era capaz de ver y hacer conexiones donde antes había estado totalmente dormida. Esto se reflejó profundamente en su capacidad como homeópata para comunicarse con sus pacientes. Yo la había animado a dibujar y pintar los cuentos que utilizaba para ayudar a que los niños y los padres experimentaran gráficamente los remedios que ella les recetaba. El hecho de ser creativa por el bien de sus pacientes le dio mucha satisfacción. Ella no se veía particularmente artística. En realidad, ella era increíblemente talentosa, como tantos otros que tampoco lo saben. A medida que estos dones se iban desarrollando, ella se sentía más y más segura sobre su habilidad para comprender y expresar el lenguaje de los símbolos. Luego ella me contó:

*"Siento que hace mucho, mucho tiempo estuve involucrada con los símbolos. Estoy re descubriendo el mensaje que hay detrás de ellos. Cuando estábamos poniendo el nombre a nuestra escuela, pude expresarme con claridad y confianza sobre lo que la rosa podría significar para nosotros. A través de las imágenes de los cuentos, es como si yo ahora pudiera tomar distancia de las cosas y acercarme nuevamente. ¿Qué es, en verdad, una rosa? ¿Por qué las siete aves? ¿Por qué las tres tareas? Simplón abre la puerta y rompe el hechizo de todo el castillo. Las grandes verdades que hay detrás de todo esto son eternas."*

Los símbolos se despiertan cuando comienzas a sentirlos como parte viviente de ti mismo. Ellos se descubren a través de un portal de la mente que te lleva profundo hacia los procesos formativos. Tu cuerpo naturalmente desea expresar salud; tu alma también busca expresarse a sí misma de una forma saludable. Las fuerzas curativas están constantemente trabajando para restablecer el equilibrio. Cada vez que actives tu conexión personal con las imágenes de los grandes cuentos, se generarán fuerzas vitales desde lo profundo de ti mismo.

*"Soy una tierra árida".*
*"Soy Hansel en la jaula de la bruja".*
*"Soy una rueca que hila paja y la convierte en oro".*
*"Soy Cenicienta en el oscuro hogar".*

Maravillosas semillas y manantiales yacen debajo de la "tierra árida". En el instante en que te identificas con Hansel sabes que tu hermana será capaz de liberarte. Sientes en tu interior la rueca que gira en una emergencia y crea un milagro. Tu alma pura, al igual que la de Cenicienta, se arrodilla en las cenizas.

El mundo de la imaginación, aunque es un territorio inestable, es profundamente real. En constante movimiento y transformación, es como los niños cuando juegan. Gradualmente puedes orientarte e interpretar lo que allí está ocurriendo. Puedes deleitarte al descubrir nuevas fronteras en torno a las poderosas configuraciones que aparecen y desaparecen en las profundidades del sueño de tu imaginación, y entretejerlas con tu consciencia despierta.

Crear una rutina con tu familia para explorar estos poderes de las imágenes de los cuentos e historias, puede poner tu narración sobre terreno firme. También ayuda juntarse con otras personas fuera de tu familia, que tengan las mismas o similares necesidades e intenciones de explorar la gran tradición de los cuentos. Una vez que has leído una historia en voz alta en un grupo de narración, su poderosa configuración ya estará trabajando en tu interior.

Casi todos los cuentos clásicos pueden contarse en un tiempo relativamente corto. Esto nos tranquiliza cuando pensamos en imaginar nuestros propios cuentos. La alegría proveniente de un cuento que llena unos quince minutos con palabras bien elegidas y una eficaz composición de personajes y sucesos, puede durar toda una vida. La comprobación de que una imagen de un cuento está obrando es que tu corazón se sentirá liviano, y brillará una llama de gozo en tu interior.

Cualquier esfuerzo que realices para contar un cuento clásico, siguiendo las imágenes interiores de la historia con el ojo de tu mente, y tal vez usando un nuevo lenguaje en lugar del ya comprobado lenguaje original, hará que tu creatividad salga a la luz. Aprender a contar, al menos, un cuento clásico de memoria con todo el corazón atento a su profundo significado, nos dará el valor para contar otros cuentos en el futuro, ya sean éstos viejos o nuevos.

Los relatos se componen de una serie de imágenes, y como a veces éstas son profundas y abarcan múltiples niveles, a menudo conviene utilizar crayones, pinturas o lápices de colores para ilustrar una imagen o una escena de la historia que se presenta desconcertante o fascinante, en lugar de tratar de analizarla. No se necesitan conocimientos artísticos para que estos empeños den resultado. Los cuentos despiertan una sensación de movimiento, color y diseño que ayuda a la mente consciente a conectarse con la esencia de una escena o un personaje. Los intentos de dibujar o pintar los niveles de significado de un momento del cuento, pueden despertar la capacidad e inspiración para realizar otras formas de expresión creativa. Espontáneamente puede brotar una canción, un poema o un psicodrama.
Un grupo podría regresar a la semana siguiente para compartir los resultados de estas exploraciones interiores.

Tu imaginación ama recibir tareas específicas. Prospera cuando puede empezar a trabajar para lograr cambios a través de un torrente de imágenes. A continuación figuran algunos temas con los que podrías empezar a trabajar:

## Transformaciones en un cuento

| De: | A: |
|---|---|
| pasividad | esperanza |
| pereza | diligencia |
| soledad | unidad |
| terquedad | bondad |
| impaciencia | tolerancia |
| enfermedad | salud |

| | |
|---|---|
| *discapacidad* | *don* |
| *pobreza* | *riqueza, satisfacción* |
| *torpeza* | *gracia* |
| *cólera* | *amor* |
| *vanidad, orgullo* | *comprensión* |
| *hiperactividad* | *calma* |
| *impotencia* | *potencia* |
| *confusión* | *claridad* |
| *adicción* | *iluminación espiritual* |
| *mentira* | *valor para la verdad* |
| *violencia* | *delicadeza* |
| *obsesión* | *apertura* |
| *amargura* | *elegancia, buen gusto* |
| *vacío* | *plenitud* |
| *miedo* | *coraje* |
| *piedra* | *música* |
| *animales, bestias* | *ser humano* |
| *cetro, vara* | *ojo visionario* |
| *superficialidad* | *profundidad* |
| *muerte* | *vida nueva* |

Solos o en grupo, pero estimulados por un objetivo transformador en común, podrías recurrir o invocar a uno o más de los aspectos del mundo de los cuentos tratados en este libro. Cuando por ejemplo exploras un estado de ánimo "pantanoso", podrías querer expresar este estado de ánimo más profundamente y encontrar formas para salir de él usando la imaginación. De la misma manera se puede trabajar el sentido de gratitud o el deseo, a través de las imágenes de las historias. Como líder de un grupo, podrías introducir el tema usando expresiones del cuento y guiar las propuestas que realice el resto del grupo. Como grupo, pueden ayudarse mutuamente a aceptar aquellas hermosas y poderosas imágenes que viven en su interior.

Cuando te experimentas, aunque fuese sólo por un instante, como creador entras en contacto con la creatividad a través de la cual todas las cosas son creadas y mantenidas, y avanzan hacia otras dimensiones. Los relatos que producen gran satisfacción hablan de una circulación sana y respiran de una manera encantadora y profunda. Una trama basada en el ritmo del pulso, un movimiento rítmico de cuatro, forma un patrón regular. El protagonista o los personajes salen de viaje. Un primer obstáculo es superado, luego un segundo y finalmente un tercero, liberando así a los protagonistas y produciendo una radiante sensación de unidad con la fuente del bienestar. Existe una variedad infinita de este formato básico. Teniendo un acercamiento abierto y experimental a la composición de historias, mientras trabajas con los diversos temas, los personajes, los paisajes y los estados de ánimo del cuento, este formato generoso, que ha servido a tantos narradores y creadores de historias y cuentos, también podría servirte a ti.

Si duplicas el ritmo básico de cuatro tiempos, entonces siete pruebas u obstáculos y tal vez siete recompensas, se le presentarán a tu héroe o heroína. En este majestuoso diseño tus personajes podrían moverse a través de los siete tonos de una escala mayor o menor, a través de los colores del arco iris, los días de la semana, o incluso, por los siete chakras de nuestro cuerpo humano, hasta alcanzar un sentido de unidad y paz.

Otra serie rítmica aceptada en los cuentos se basa en tres grupos de cuatro. Los relatos que se basan en el poder del número doce pueden llevar a tu protagonista en un viaje a través del zodíaco. En los días previos a la celebración de un cumpleaños, el animal simbólico de la carta natal que sirve de guía y guardián, podría por ejemplo, recibir a los representantes de los otros signos del zodíaco. O bien, los doces meses del año podrían ser presentados como personajes del cuento, cada uno brindando su fuerza y sabiduría.

Uniendo las imágenes de las historias con el poder del uno, dos, tres, que resuelve en cuatro, la base de la historia se hace firme formada por la compleja sabiduría numérica que fluye continuamente a través tuyo. Todo esfuerzo que realices para que este ritmo del latido de tu corazón circule en tus historias, afirma alguna de las leyes fundamentales de tu naturaleza que, aunque te desconcierte, aún así constituyen el fundamento de todas las vidas humanas. Sea cual fuere tu razón para crear un cuento, si convocas los patrones guardados en tu interior, provenientes de las eternas imágenes de las historias, y trabajas con éstos cuidadosamente, tu historia contendrá energías transformadoras. Tu sentido de quién eres y tu relación con otros y con el mundo que evoluciona a través de la creatividad humana, se fortalecerán y profundizarán.

# Bibliografía

*A continuación se cita textualmente la bibliografía utilizada por la autora. En el caso de la colección de cuentos de los Hermanos Grimm, en esta traducción al español se ha utilizado la edición de Editorial Antroposófica, Argentina, 2000.*

Otras excelentes versiones de las colecciones e historias mencionadas en este libro están disponibles en bibliotecas y librerías. Recomiendo:

- "Allerleirauh", en *Todos los cuentos de los Hermanos Grimm* (de aquí en más *HG*) NY, Phanteon Books, 1972
- "La cigarra y la hormiga", en *Fábulas de Esopo*, Michael Hague, ed. NY: Holt, Rinehart & Winston, 1985
- "La Bella y la Bestia", en *Cuentos de hadas*. Charles Perrault. San Diego, Harcourt Brace Jovanovich, 1986
- "Childe Roland", en *Cuentos de hadas ingleses*, Joseph Jacobs. NY Dover, 1967
- *"Crónicas de Narnia"*, de C.S. Lewis. NY, Macmillan, 1983
- "Cenicienta", en *HG*.
- *"Querida Mili: un antiguo cuento"* de Wilhelm Grimm, NY, Farrar, Straus, & Giroux, 1988
- "Los tres pelos de oro del Diablo", en *HG*.
- *"La Divina Comedia"*, de Dante Alighieri. Geoffrey, Bickersteth, ed. Londres, Basil, Blackwell, 1985
- "El traje Nuevo del Emperador", en *Hans Andersen: 42 Cuentos*, M.R. James, trans. NY, A.S. Barnes, 1959
- "Fernando leal y Fernando desleal", en *HG*.
- "El Pájaro de Fuego", en *Cuentos Rusos de Hadas*, de Aleksandr Afanasev. NY, Pantheon, 1976
- "El pájaro del Brujo", en *HG*.
- "La zorra y el gato", en *HG*.
- "La doncella sin manos", en *HG*.
- "La llave de oro", en *HG*.
- *"La llave de oro y otros cuentos de hadas"*, George MacDonald, NY, Eerdmans, 1950.

- "Hansel y Gretel", en *HG*.
- "Juan de Hierro", en *HG*.
- "Juan y las habichuelas", en *Cuentos de Hadas Ingleses*.
- "Jonas", en el Libro de Jonas, del *Antiguo Testamento*.
- "Yorinda y Yoringel", en *HG*.
- "El enebro", en *HG*.
- "El rey "pico de tordo", en *HG*.
- "El rey de la montaña de oro", en *HG*.
- *"La Princesa ligera"* de George MacDonald, NY, Eerdmans, 1980
- *"La gallinita colorada: una historia Antigua"*, de Margot Zemach, NY, Farrar, Straus & Giroux, 1983.
- "Blancanieves", en *HG*.
- "Madre Nieve", en *HG*.
- "La hija de la Virgen María", en *HG*.
- *"Peronnik: cuento francés sobre la Busqueda del Santo Grial"* de Emile Souvestre (illustrado) Rochester, VT: Inner Traducciones, 1984.
- *"La Princesa y Curdie"*, de George MacDonald, NY, Eerdmans, 1987.
- "El Gato con Botas", de Charles Perrault, en *Cuentos de Hadas*.
- "La reina de las abejas", en *HG*.
- "La búsqueda del vellocino de Oro", en *Mitología*, Edith Hamilton. Boston. Little, Brown, 1942.
- "Rapunzel" en *HG*.
- "Rip Van Winkle", Washington Irving. NY: Penguin, 1987.
- "La hija del Molinero", en *HG*.
- "San Jorge y el Dragón", adaptación de Margaret Hodges, Boston: Little, Brown, 1984.
- "Los siete cuervos", en HG.
- "Blancanieves" en HG.
- "La alondra saltarina y cantarina", en HG.
- "Las tres lenguas", en HG.
- "La Bella durmiente del bosque", en HG.
- "Los doce hermanos", en HG.
- "Los dos hermanitos", en HG.
- "Vasilissa la Bella", en *Cuentos Folclóricos Rusos*. Robert Chandler traducción. Boston: Shambhala, Random, 1980.
- "La mesa, el asno y el bastón maravilloso", e HG.
- "El lobo y las siete cabritas", en HG.

*La siguiente bibliografía es citada con los títulos originales en inglés, ya que no se conocen sus traducciones al español.*

Extensa y actualizada bibliografía sobre la narración se puede encontrar en *Awakening the Hidden Storyteller: How to Build a Storytelling Tradition in Your Family*, de Robin Moore (Boston: Shambhala, 1991); y en *Literature and the Child*, de Bernice Cullinan (New York: Harcourt, Brace, Jovanovich, 1989).
Especialmente recomendado para profundizar tu imaginación en las historias:

▪Bettleheim, Bruno. 1976. *Uses of Enchantment: The Meaning and Importance of Fairy Tales.* New York: Knopf.
▪Heuscher, Julius.1974. *A Psychiatric Study of Myths and Fairy Tales: Their Origin, Meaning and Usefulness.* Springfield, IL: Charles Thomas.
▪Hillman, James. 1975. *Re-visioning Psychology.* New York: Harper & Row.
▪Jung, Carl. 1958. *Psyche and Symbol.* Garden City, NJ: Doubleday Anchor.
▪Meyer, Rudolf.1988. *The Wisdom of Fairy Tales.* Edinburg: Floris Books.
▪Von Franz, Marie Louise.1972. *The Feminine in Fairy Tales.* Dallas: Spring Publications.

1977. *Individuation in Fairy Tales.* Dallas: Spring Publications.
1970. *Interpretation of Fairy Tales.* Dallas: Spring Publications.

www.ingramcontent.com/pod-product-compliance
Lightning Source LLC
Chambersburg PA
CBHW021503090426
42739CB00007B/443